カリブに生きる

文献から辿る小地域の人びとの豊かな遺産

三石　庸子

東洋大学出版会

はじめに

カリブは日本から距離的に遠い地域であり、歴史的に交流も少なく、そこに住む人びとと触れ合う機会は少ない。本書はカリブの人びとの書き記したテクスト、おもに自伝や文学作品の研究を通して、カリブ地域の歴史や文化について理解を深めることを目的としている。文学研究者である筆者はテクストから人びとの人生に具体的に触れ、カリブに生きるとはどのようなことか、個人に焦点を当て、さまざまな時代に、さまざまな地域で、人びとがどのような問題を抱えながら、どのような選択をしたのか、当時の背景や要因を明らかにしながら考察を試みる。

カリブに関する歴史はおもにヨーロッパによって記述されている。古い文献であるコロンブスの『航海日誌』には、彼らが出会った先住民たちが恐れる、人を喰う人間として推測されたカリベ族への言及がある（1492.11.4）。他方でアメリゴ・ベスプッチの『新世界』（1503）には、新大陸で出会った先住民たちの寿命は一五〇歳で、病気になることはまれであると書かれている（Vespucci 329）。これらの文献からは他者と出会った人びとの恐れや畏怖が典型的に窺われる。本書ではカリブ人自身が記述、あるいは口述したテクストを対象とし、できるだけ実像に近づくことを目指している。

アメリカ大陸に関しては、ペルーのインカ帝国の皇帝であったマンゴ・インカの息子で、キリスト教に改宗したティトゥ・クシ・ユパンギが一五七〇年に口述し、宣教師によって書き記された一六世紀の文書（Yupangui 1987, 翻訳『インカの反乱——被征服者の声』岩波文庫）があるが、カリブ地域では最古といっても一八世紀のものであり、一九世紀でさえ、その数は少ない。必然的に、一八世紀のテクストは西洋の教育を受けた、恵まれた境遇の自由な身分の黒人や混血の黒人によって書かれている。一九世紀になると奴隷制廃止運動家によって口述筆記された奴隷の語りや、西洋で活躍して出版の機会を得た自由な身分の混血黒人の著書が出版された。本書ではそれら古い文献に加えて、二〇世紀以降に関しては比較的日本で論じられることの少ない、カリブ諸島のさまざまな地域の文学的な著作を選んで取り上げている。それらを通して、カリブの人びとが、それぞれ独自の問題と向き合いながら、カリブ地域が育んだ資質を発揮して活躍し、カリブ地域固有の歴史を築いてきたことを検証していく。

本書によってカリブ地域に生きた個人に関心をもって、カリブを身近に感じるきっかけにしてほしいと考えている。現実に人と触れ合うという体験とは別に、その人物の残した文書を通しての時空を超えた出会いは、内面的な次元での触れ合いを可能にすると思われる。読書とは、自分の時間の中で自分の想像力を駆使して自由に思考を育むことができる、無限に開かれた個人の発現の場である。本書を通して、自分の生きる時代、地域、民族、また自分自身を見つめなおす契機となるような、意味ある出会いが果たされることを期待している。

ここで、本書の対象であるカリブ地域について、概要を説明しておく。カリブ海地域は地理的には中央アメリカに位置し、北はアメリカ合衆国フロリダ半島、南はベネズエラに近接し、南北にも広がった地域である。大小多くの島々から成り、一三の独立国と、イギリス、フランス、オランダ、アメリカの自治領などがある。多言語・多文化地域であるということが特徴である。こうした多言語・多文化の近接する背景には一五世紀の大航海時代以降からの歴史が関係している。

コロンブスが黄金郷インドを求めて西へ進路を取り、インドの西へ到達したと考えたことから西インドと呼ばれるようになったのが、現在のカリブである。アメリカ先住民はスペイン語ではインディオ、英語ではインディアンと呼ばれた。その後、ヨーロッパの列強が新大陸アメリカの富を求めて覇権争いを繰り広げることになるが、その際に船の燃料や食料の補給地として、一旦占領すれば要塞を築いて守りやすかったために、カリブの小さな島々が列強に分割された。勢力争いの中で海上での略奪も公然と行われており、それらはカリブの海賊として有名である。列強間の勢力争いの結果、島の所有国が変わることもあり、それに伴って同一の島でも、時期によって言語・文化の変化を蒙ることもあった。また、一つの島が二つの国に所有されたために、異なる言語・文化圏が隣り合わせの島も生まれた。

カリブの歴史には奴隷制が大きな役割を果たしていることが、大きな特徴である。南北アメリカ大陸は人類の歴史において比較的孤立していたので、一五世紀にヨーロッパから持ち込まれた病気に対してアメリカ先住民には免疫力がなく、多数の人びとが病死した。また、スペイン人の支配下に置かれ、鉱山やサトウキビ農園で強制労働を課されたが、不慣れなため、過酷な肉体労働に耐えられずに死んだ人びとも多かった。そうしたことから労働者が不足したため、アフリカからの奴隷労働に依存するようになった。一五世紀の半ばには、すでにポルトガルがアフリカ人奴隷を自国で働かせていたが、一五一七年にスペインのカルロス一世がアフリカ人奴隷をスペイン領アメリカで売る独占権許可証を発行して以来、奴隷貿易は発展し、ポルトガル、スペイン、イギリス、フランス、オランダに大きな利益をもたらした。奴隷貿易は、ヨーロッパ、西アフリカ、アメリカを結ぶ三角貿易として定着し、西アフリカからアメリカへ大西洋を渡る航路は「中間航路」と呼ばれ、その積荷は物資ではなく人間であり、船旅では七〇〇〇万とも見積もられるほどの多くのアフリカ人が、アメリカに辿り着けずに死んでいった。グローバル経済がもたらしたこうした民族の大移動により、カリブでは先住民族はほぼ死滅し、アフリカ系住民が多数を占める構成となっている。筆者が黒人文学を専門としていることもあり、本論で取り上げるカリブ人はすべて、アフリカ系あるいは、アフリカ系との混血の人びとである。

こうした歴史が示すように、カリブはグローバル経済の最初の要地として、サトウキビという単一の商品作物による自然破壊、奴隷制という民族的な抑圧、資本主義の発達と帝国による植民地支配、ヨーロッパ中心主義、革命、アメリカ覇権主義、多民族・多言語社会や文化の混淆、移民や移動など、現代に続いている諸課題に先駆的に対峙してきた。小地域ではあるが、世界がカリブから学ぶことは多いと思われる。「これほど狭い地域で、これほど重要な作家や詩人を生み出した地域は、世界中他に例を見ない」（山本 78）というヤーン（Janheinz Jahn）の言葉を引用し、カリブ文学研究者の山本伸も、「カリブの歴史には、現代世界の本質を暴く鍵が数多く含まれている」（山本 78）と指摘している。

本書では異なる時代、異なる地域の七人の生き方を年代順に取り上げ、考察する過程で、カリブ地域に関する重要な出来事や事象にできるだけ多く触れられるように配慮した。本書が取り上げるカリブに関する知識の概要がわかるように、それぞれの章のキーワードを示しておく。

一章　混血　植民地　フランスの黒人法典　奴隷制廃止論
二章　奴隷制廃止運動　奴隷体験記　不在地主　奴隷制下で発達した自由経済
三章　クレオール　ホテル業　薬草　熱病　海外での活躍　奴隷蜂起
四章　独立戦争　自然　森や山　環境破壊　砂糖産業　アメリカの大資本　証言文学
五章　左翼思想　国際的民族主義　植民地教育　皮膚の色による階級差　アフリカ帰還運動　UNIA
六章　ハイチ革命　最初の黒人共和国　アメリカによる占領　土着主義運動　移動労働者　独裁政権　ヴードゥー信仰　共産主義　驚くべき現実主義　ネグリチュード運動
七章　クレオール語　パピアメント語　奴隷貿易　口承文化伝統　諺

言語に関しては、英語圏以外を取り上げた一章と六章はフランス語、四章はスペイン語、七章はパピアメント語で出版された原文ではなく、その英語の翻訳をテクストとして用いている。また、六章ではロシアからの依頼で書かれたという一文献のみは、英訳がないため、日本語の翻訳を典拠とした。原文から二重三重に隔てられているという欠点は否めないが、多言語・多文化の現実が配慮されるカリブにあってはとくに、翻訳を意欲的に利用する意義はあると思われる。マルティニークの文人エドゥアール・グリッサンが触れた、翻訳の可能性に関する以下の発言を励みにしたい。

私は残念ながらアラビア語を解さないので、マームド・ダーウィッチ［マフムード・ダルウィーシ：パレスチナ最大の詩人］がその言葉にどのような新しい風景を付与したのかわからないが、フランス語に訳された歌詞からそれを推測することはできる。翻訳はそうした推測を可能にしてくれる。ダーウィッチは諸アメリカのことを語り、詩の中でコロンブスに呼びかけ、〈関係性〉を歌っていた。諸言語の想像界を開き、そこに新しい場を付与するということは、諸々の画一性や支配や標準を真に打破することに他ならない。（『全 - 世界論』217–218）

多様化する世界観を映す多言語・多文化を容認する時代に、幾層もの屈折する壁を破り、未知の言語の想像界に入り込むためには、翻訳も一つの有効な手段であると思われる。なお、本書が依拠した英文テクストの日本語訳はすべて筆者によるものである。

一章の音楽に、音声資料を付けられないことは残念であった。七章では、詩の引用を許可していただいたアルバータ大学出版局に感謝したい。

本書は筆者のこれまでの研究を下地に書かれており、すでに論文として発表した内容と重なる部分も多く、それらの書誌は引用文献の末尾に、初出論文として記載した。こうした筆者の研究の基盤となったのは学会活動であり、とくに、アメリカのモアハウス大学の後援により毎年カリブ地域で大会を開くＩＣＣＬ（International Conference of Caribbean Literature）、日本の黒人研究学会、新英米文学会、多民族研究学会の活動が中心であったことも申し添えておく。

カリブに生きる

——文献から辿る小地域の人びとの豊かな遺産——

目　次

第一章

一八世紀の音楽家で黒人部隊の指揮官

シュヴァリエ・ド・サン・ジョルジュ（グアドループ出身）

――アフリカ系混血で西洋の教育を受け、貴族としてフランス革命の時代を生きた――

一八世紀の奴隷制時代に黒人で出版された著作を残した人物は少ないが、その一人としてジャマイカのフランシス・ウィリアムズ(Francis Williams, 1697–1762)がいる。本章の主人公であるサン・ジョルジュの考察に入る前に、ウィリアムズの書いた詩を紹介したい。

ウィリアムズは自由黒人の両親のもとに生まれている。父親のジョンは砂糖などを輸出する農園主で、黒人奴隷を所有し、奴隷の証言によって裁かれない権利や帯刀する権利など、当時白人のみに与えられていた特権を保証されていた、ひじょうに例外的な黒人である(Carretta 221–222)。父親は、おそらくその勤労と美徳によって奴隷の身分から自由を得て、一代で富を築いたと思われ、自分の子どもたちには教育を望んだようである。ウィリアムズはロンドンの法曹学院(Inns of Court)で法律を学んだ。ケンブリッジ大学で数学を学んだという説もあるが、歴史的な証拠は残っていない。父親が亡くなったために帰国し、その時に当時のジャマイカの総督の下で職を得ようとしたが、かなわず、そうした事情のためか、その二年後の一七五九年に新たに総督として就任したホールデーン将軍(George Haldane)への賛辞として、ラテン語による四六行から成る詩を書いた。その詩が、エドワード・ロング(Edward Long)による『ジャマイカの歴史』(*History of Jamaica*, 1774)に収められ、現在まで残るウィリアムズの唯一のテクストとなっている。[1] その詩の五三–六二行には次のような一節が見られる。

この粗末な歌をどうか受け入れ給わんことを

薄暗い身に包まれ、口ごもる舌からであるけれども
賛辞が流れゆく川の色は黒いのだけれども
それは皮膚からではなく、心から生まれたものである
恵み深い天はあらゆる人間に
(何ものも禁じることはないゆえに) 一つの共通の魂を与えられたのである
この規則は永遠なる精神が確立したものであり
いかなる美徳それ自体も賢明さも、色によって限定されることはなく
正直な心に何も入り込むことはない
科学に何も付随するものはなく、芸術に何も付随するものはない

(Carretta 230–231)

神は万人に同じ魂を与えた、美徳も知恵も心も、科学も芸術も皮膚の色とは関係ない、ということの主張には、当時黒い肌をした人びとが社会から受けた強い偏見を、その背後に窺うことができる。たとえばモンテスキューは『法の精神』(1748) 第一五篇五章の中で、以下のような黒人観を表明している。

もし、われわれのもっている黒人を奴隷にする権利を支持せねばならないとすれば、私は次

のように言うだろう。…砂糖は、それを奴隷によって作るプランテーションを動かさなければ、高すぎるものになるだろう。…きわめて賢明な存在である神が、魂を、とくに善良な魂を、まっくろな肉体に宿らしめたもうたなどということは考えられない。

人間性の本質を構成しているのは色であると考えることは、きわめて自然である。

(Montesquieu 179)

ルソーの『社会契約論』(1762)の平等思想はフランス革命に貢献したことで有名であるが、当時フランスが植民地で維持していた奴隷制度には言及がないなど、一八世紀のヨーロッパの啓蒙主義の思想家たちが、理論的には奴隷制度に怒りを表明しながら、当時の豊かな経済を支えた現実の奴隷制度は無視していることを、政治哲学者ルイ・サラ・モリンズ(Louis Sara-Molins, 1935–)は次のように比喩的に表現している。「啓蒙主義は音楽を作曲し、その曲を理性、人間、個人の尊厳、普遍的な博愛主義を称える最高に美しい大交響曲のハーモニーで満たしている。この総譜は美しく演奏されるが、それはコンサートの真っ最中に突然黒人が出現するまでのことである。その時点で人間、尊厳、理性、博愛主義はどうなるであろうか。それらは淡い大気の中に消滅する。そしてその美しい曲は耳障りな皮肉なきしり音で鼓膜を突き刺すのである」(Sara-Molins 8)。当時フランス本国では奴隷制は認められなかったとはいえ、正式な法律とはならなかったが、奴隷の処遇についての規範として、ルイ一四世が財務相のコルベールに作らせた黒人法(the *Code Noir*, 1685)という成文化した規範が存在していた。カリブでは実際に奴隷制が行われていたのであるが、そのことが批判されることはなかった。啓蒙主義者たちでさえ、そうした姿勢であったのだから、一八世紀のヨーロッパ人の一般的な認識とはどのようなものであったかは、想像がつく。

先に引用した詩の前半、二五－三二行で、ウィリアムズはホールデーン将軍がグアドループでフランス軍に勝利した功績を称えている。本章が取り上げるシュヴァリエ・ド・サン・ジョルジュ(Chevalier de Saint-Georges, 1745–1799)はそのフランス領グアドループで、白人の農園主と黒人奴隷の女性との間に生まれた、混血の自由黒人である。サン・ジョルジュが残したのは古典音楽であり、そこに直接にカリブらしさを認めることは難しいかもしれない。だが、ジャマイカのウィリアムズによる、芸術に皮膚の色は関与しないという主張に現われたさまざまな想いが、ジョルジュのバイオリン演奏や作曲にも込められていると思われる。ジョルジュが文字として書き残したものは多くはない。出版された楽譜のほかに、手書きによる軍隊関係の報告書、軍隊への復職を求める手紙だけである。それでも、ウィリアムズに関する手掛かりがほとんどないことと比較すれば、貴族としてフランス社会で活躍したジョルジュの場合は、その生涯を辿ることは可能であり、本書が最初に取り上げる人物となった。

まだ奴隷制度のあった時代に奴隷の母をもち、苦悩を抱えながらもヨーロッパで活躍し、優れた楽曲を残したサン・ジョルジュは、カリブの誇る遺産の一つである。少ない資料からではあるが、ジョルジュの生き方を辿ってみたい。以下の伝記的な紹介は、音楽家の生涯を綴ったシリーズの第七巻に当たるガブリエル・バナト（Gabriel Banat）による著作（*The Chevalier de Saint-Georges: Virtuoso of the Sword and the Bow*, 2006）に基づいている。バナトはルーマニアに生まれ、ハンガリーでバイオリニストとなり、第二次大戦後にアメリカへ渡り、一九七〇年に由緒あるニューヨーク・フィルハーモニックに加わった音楽家である。演奏家として楽譜の原本にこだわり、幾多の貴重な楽譜を発見した功績をもつ人物で、サン・ジョルジュの作品の演奏会も行っている。バナトは、ジョルジュについて誤った通説が流布したのは、一八四〇年に出版されたボーヴォワール（Roger de Beauvoir, 1807–1866）による「ロマンチック小説」（Banat xv）によるところが大きいと指摘し、そうした偉人伝のようなフィクションを避け、当時の公的な記録や新聞や、手紙、日記といった個人的記録など、歴史的資料のある実証的な裏づけに基づいてジョルジュの生涯を記述している。音楽家であるだけでなく、フランス語の手書きの古文書を読み、英語で伝記を書いているバナトは、英語圏読者にも広くジョルジュの功績を知らせることのできる、稀有な人材である。また、第二次大戦の間に子ども時代の、および青年芸術家としての自分自身が体験した同様の人種差別が、ジョルジュへの思い入れを強くしたということも述べている（Banat xvi）。

一・グアドループでの生い立ち

ジョセフ・ド・ボローニュ（のちシュヴァリエ・ド・サン・ジョルジュ）は一七四五年、フランス人の父親ジョルジュ・ボローニュ（George Bologne）と、ナノン（Nanon）と呼ばれていた黒人奴隷との間に生まれた。父には妻のエリザベスとの間に娘がいたが、唯一の息子であった。父は娘よりも混血の子どもの方に愛情を注ぎ、息子の将来のために教育を受けさせ、また息子が母親の世話を受けられるようにナノンをフランスに住まわせたりした。遺産も息子に残したかったようであるが、妻エリザベスの請求により、彼の死後財産はすべて妻と娘のものとなった。[2]

父方の祖先は、一五七二年の聖バーソロミューの虐殺へと通じていく、当時のカトリックによる迫害を逃れて渡ってきたユグノー（プロテスタント）であり、荒野を切り開いて大農園を築いていた。一六八五年に宗教の自由を認めるナントの勅令が廃止された時、彼らはカトリックに改宗している。父の農園には、一七八三年の記録によると、彼がグアドループを離れて荒廃した時期であったにもかかわらず、サトウキビ農園には二一二人、コーヒー農園には六一人も奴隷がいたという（Banat 10）。

一七四八年五月、父は親戚の家で飲酒後、挑発を受けて剣を抜いて傷を負わせ、その三日後に死亡させたという告発を受けた裁判で、死刑と財産没収の判決を受けた。だが、裁判中拘束を受ける前に、無事にフランスへ逃亡した。伝記作者のバナトは、突然の痙攣による死は破傷風によるものであり、奴隷の目撃者の証言などを手がかりにして、父親には殺人の意図も事実も認められないため、親戚と裁判長が財産没収による利益のために不当な裁判を行ったのではないかと考えている。一七四八年九月、ジョルジュ（ジョセフ）親子と父の召使である一五歳ぐらいの混血の奴隷が、エリザベスに連れられ、フランスへ渡った。ナノンは二〇歳ぐらいと記載されている。父は二人のグアドループでの境遇を心配し、自分のもとへ呼び寄せたと思われる。一家はボルドーに近いアングレームに住む四歳上の父の兄の世話になっていた。兄は皇太子に捧げた宗教詩を賛美されていた趣味の詩人でもあり、そうした伝手を使って弟のために国王の恩赦を受けることができた。その結果、父は一七四九年九月にはフランスのボルドーからグアドループへ帰ることができた。渡航記録によると、エリザベスは管理人など四人で乗船しているが、乗船名簿にあったにもかかわらず、父はなぜかその翌日の別の船で、ジョルジュとナノンと三人で出航した記録が残っている。これらのエピソードから、父親にとってジョルジュ親子が妻以上に大切な存在であったと推察される。

その後、三年半、ジョルジュは父のサトウキビ農園で黒人奴隷の子どもたちと山や川を駆け巡って過ごした。乗馬、水泳などジョルジュの運動能力はここで養われただけでなく、アフリカ由来の物語、ダンス、音楽などに触れることができたのもこの時期であった。ラモット（Lamothe）という支配人の息子だけが唯一の白人の友人であった。晩年サン・ドミンゴ［現在のハイチ］にも同行していた、優れたホルン演奏者でジョルジュの親友であった同名のラモットが、もしこの支配人の息子と同一人物であるとしたら、二人の友情はこの頃から続いたことになる（Banat 302 n.8)。ほかに、基礎的な読み書き計算やバイオリンの演奏、おそらくフェンシングもすでに学んでいたようである。

一七五三年八月のボルドーの記録によると、ジョルジュは父と父の混血の召使、および、父の義理の二人の姪とともにグアドループを離れてフランスへやってきた。伝記作者のバナトは、奴隷制社会であるグアドループでは混血のジョルジュに未来を保証することはできないので、建前としては奴隷制のないフランスで教育を受けさせ、自分で生き抜けるように育てたかったのではないかと推測している。[3] ジョルジュは一人、父の兄のもとに残され、アングレーム・サン・ルイ学校に通うことになった。

二．パリでのフェンシング、バイオリンの名手としての活躍

一七五五年八月に、父が母ナノンを伴ってフランスへ来て、ジョルジュ母子は秋にパリのサン・アンドレ・デ・アール通り四九番のホテルの部屋を借りて住むことになった。父は兄のもとにいたが、一七五六年一月には七年戦争が始まり、グアドループに物理的に帰れなくなった。翌年四月、父は空いていた宮廷の役職を購入して、下級貴族の仲間入りをし、ジョルジュたちとパリでの生活を始めた。ジョルジュは一七五八年一三歳の時にフェンシングの巨匠ラ・ボエシエール（La Boëssière）の王立アカデミーに入学した。午前中は座学を学び、午後に剣術や乗馬を学ぶ寄宿学校である。ボエシエールの息子が、父親のフェンシング論の序文として書いた、個人的なフェンシング体験を語る八頁からなる随筆の中で、ジョルジュについて触れ、自分の生涯の友人であったと述べ、その活躍ぶりを次のように語っている。

> 一〇歳ですでに学びの速さで与えられた師たちを驚かせていた。一三歳でラ・ボエシエール氏のもとに置かれ、六年過ごした。…一五歳で彼の上達はすばらしく速く、すでに最強の剣士たちを打ち負かしていた[4]（Banat 59）。

ジョルジュ伝説の一つである有名なエピソードは、一七六二年、ルーエンに新たに学校を開いたピカール（Alexandre Picard de Brémond）から受けた挑戦による対決である。父に説得されて挑戦を受け、試合はルーエンで行われた。試合には何百人もの観衆が詰めかけ、勝敗には賭けがなされた。ジョルジュは簡単に挑戦者を打ち負かし、その結果ルイ一五世に騎馬護衛隊の一員として命じられた。それが貴族職であるために、ジョルジュは最下位の「騎士」（シュヴァリエ）の称号を得て、以来ジョセフにはシュヴァリエ・ド・サン・ジョルジュの呼び名が用いられるようになった。

一七六二年、フランス国内で黒人を嫌い、混血に反対する風潮が高まり、アフリカ系の血の入ったフランス在住の人びとを登録する政策が採られた。その時、五月にナノンが呼ばれていて、フランスに来る前に自由の身分になっていたことなどが記録に残っている。二日後のジョルジュに関する記録ではジョルジュ本人は現れず、代わりにボエシエールがジョルジュを父から預かったことを報告している（Banat 71–73）。

一七六六年の九月八日に行われたフェンシングの試合では、ジョルジュは敗北したようである。挑戦者はファルドーニ（Giuseppe Faldoni）というイタリア人であるが、フェンシング関係者の手記によると、ジョルジュは彼がイタリア人であると聞くと絶対に相手をしようとしなかったそうで、剣も流儀も違う派手なイタリア流を嫌っていたということである。バナトは、やむを得ず挑戦を受けた時にはすでに、自分の信念を貫いたフェンシングをして、その結果負けることを覚悟していたのだろうと解釈している（Banat 96）。

バイオリンは一五三五年頃イタリアで作られ、フランスではルイ一三世の下で宮廷に広まり、ジョルジュがコンサートに登場する一七七〇年代初期には花形楽器となっていた。フランスでフルオーケストラ向けの最初の交響曲を書いたゴセック（François-Joseph Gossec, 1734–1829）から、ジョルジュは作曲と、おそらくバイオリンも学んでいる。一七六六年にはゴセックが、一七六八年にはアヴォリオ（J. Giovanni Avoglio）が、顧客であり弟子であったジョルジュに自分の曲を捧げており、その二人の献辞ではジョルジュの演奏家としての才能が称えられている（Banat 109–110）。一七七三年にゴセックが、一七二五年から始まったパリの「コンセール・スピリチュエル」（Concert Spirituel）の運営に引き抜かれた時、自分が一七六八年に設立した「アマチュア・コンサート」（Concert des Amateurs）を、そこで当時コンサート・マスターをしていたジョルジュに引き継がせた。

バナトは一七七二年にはジョルジュが作曲家として最初の弦楽四重奏を作ったと推定しており、四パートすべてに対等な役割を与えている点で、そのジャンルのフランスでの先駆者である点を評価している（Banat 128）。また、一七七五年に協奏交響曲という新しい形式を使い始めたことも指摘している（Banat 169）。ジョルジュのバイオリン演奏については、作曲した楽譜から、バイオリン奏者として「現存する限界を広げようとする」（Banat 134）華麗な達人技や、ゆっくりした楽章での「強い叙情性」（Banat 134）を読み取っており、ベートーヴェンのバイオリン曲からロマン派へと、そして現代まで続く「近代」フランス・バイオリン学派の始まりはジョルジュであったと述べている（Banat 135）。プロドンム（Jacques Gabriel Prod'homme）による著書『ゴセック』（*François Gossec*）からジョルジュについての記述を引用してみたい。

> 有名なサン・ジョルジュ——混血のフェンシング剣士でありバイオリニスト…はその当時［一七七三年］パリでのセンセーションであった…。二年後の一七七五年、コンセール・スピリチュエルに登場し、作曲だけでなく演奏でも評価され、とくに聴衆の女性たちを魅了した。[5]
> （Banat 135）

ジョルジュが女性たちに大変人気があったことは、ジョルジュ伝説の一つである。当時王室では一七七四年五月にルイ一六世が即位し、マリー・アントワネットが王妃となっていた。アントワネットは最高の音楽伝統を誇るウィーンで教育を受けており、自分の師であったドイツ人作曲家グルック（Christoph Willibald Gluck, 1714–1787）を呼び寄せるなど、コンサートやミュージカル、芝居などさまざまな音楽活動を主催したり、参加していた。そうした華やかな文化活動の中に、ジョルジュも含まれていたのである。

一七七四年一二月、父がグアドループで亡くなった。農園も、ジョルジュ母子のために預けられていたパリの預金も、すべて正式の妻と娘のものとなった（Banat 142）。その後ナノンについては不明で、[6]ジョルジュは一人で住んでいた記録が残っているが、生活はかなり厳しくなったことが推測される。

一六六九年にルイ一四世の時代に作られたパリのオペラ座の経営難に際し、一七七六年に新たな出資者たちがサン・ジョルジュを音楽座長として擁立しようという動きがあった。これに対して第一ダンサーの地位を占める女性ら三人が中心になって、「自分たちの名誉と繊細な良心にかけて、混血の命令に従うことは決して認められない」（Banat 180）という嘆願書を女王に提出した。[7]結局国王が出資することになり、ジョルジュが「フランスでもっとも威信を誇る音楽職」（Banat 181）に就く機会は失われてしまった。

一方で、従兄弟である王よりも豊かであったオルレアン公爵（Louis Philippe d'Orléans, 1725–1785）の妻となったカルロッテ（Charlotte/ Mme. de Montesson）は、公爵に働きかけてジョルジュをプロヴァンス通りにある収容人員六〇〇人のモンテソン劇場の音楽責任者とし、さらに、オルレアン公爵の狩猟の補佐役という新しい職に充て、その屋敷内に部屋を与えた。

社交界の花形だったカルロッテとの噂も立ったが、一七八四年頃、ジョルジュはモンタレンベール男爵夫人（Marie-Joséphine de Montalembert）との間に子どもを授かったことが知られている。二三歳の時に五九歳の男爵と結婚した夫人は、カルロッテに頼んで自宅での芝居上演にジョルジュを指揮者として招いていた。男爵は激怒し、生まれた子は連れ去られ、すぐ亡くなり、ジョルジュは六人の男に襲われた。幸いなことに、軽い傷だけで無事であった。

ジョルジュが師であったゴセックに任され、ずっと指揮をとっていた「アマチュア・コンサート」は、一七八一年一月に財政上の問題で休止に追い込まれた。アメリカ独立戦争を援助するために一七七七年から七九年にかけて送った船が、米、綿花、煙草などを積んで帰るはずであったのだが、アメリカの大陸会議が約束を無視して、積荷はフランスからの「贈り物」(Banat 250)であったと主張し、空のまま船を返したために、出資者たちの損失が大きく、それがおもな要因であった。ジョルジュが楽団を救おうと援助を求めたのは、オルレアン公爵の息子であるフィリップ、シャルトル公(Philippe d'Orléans, Duke of Chartres, 1747–1793)であった。

一七七一年二四歳の時に、フィリップは貴族と市民を統合できる逸材としてフランスのフリーメイソン組織のグランドマスターに選ばれていた。フリーメイソンは一七世紀に生まれ一八世紀の初めにフランスに渡ってきた、同胞愛と平等を掲げる秘密組織であり、貴族でも啓蒙主義思想の持ち主が加わっていた。人数は減ったものの、「アマチュア・コンサート」はパレ・ロワイヤルにあるメイソンの男性ロッジ(支部)に新しく作られたオーケストラ、「ロッジ・オリンピック・コンサート」として引き継がれた。もちろん、ジョルジュや楽団もフリーメイソンの一員となった。最初は八〇人の楽団が五十数人に縮小されたのだが、コンサートへの申し込みが増えたため、一七八六年一月には、会場が旧王宮であるチュイルリー宮殿に移された。その頃には演奏の質を高めるため、アマチュアに対して専門家の割合が増えており、全体の人数も前身の「アマチュア・コンサート」を越えるまでになっていた。この楽団のためにジョルジュは、ウィーンのハイドン（Franz Josef Haydn, 1732–1809）に依頼して、通常の五倍という破格の値で「パリ」交響楽（Banat 265）として現在知られる六つの新しい交響楽を作ってもらっている。

三．フランス革命の激動期における黒人軍の指揮官としての活躍

一七八五年にオルレアン公爵が亡くなり、ジョルジュは新たなオルレアン公フィリップの公式住居となった、パレ・ロワイヤルに住むようになった。黒人の友（*Amis des Noirs*, 1788–1799）という奴隷制廃止運動の最初の組織を作ったブリッソ（Jacques Pierre Warville de Brissot, 1754–1793）もオルレアン公の配下であった。イギリス贔屓でプリンス・オヴ・ウェールズ［のちのジョージ四世］と親しかった公の依頼で、ジョルジュは一七八七年春にロンドンを訪問し、歓迎された。バイオリンのソロやフェンシングを披露し、油彩によるジョルジュの肖像画もこの時に描かれた。

フランスでは財政の逼迫により、政情が不穏になっていた。バナトはアル・ゴアの著作（*Earth in the Balance*, 1992–1993）を参照し、日本の浅間山（1783）とアイスランドのラキ（Laki）火山の噴火（1783–1784）により太陽光線が遮られ、一七八〇年代半ばの異常な寒冷気候が引き起こされた

ことが、フランス革命へつながる六年間の凶作の原因となったと述べている（Banat 313）。一七八八－一七八九年の冬はセーヌ川も凍る八〇年ぶりの寒さで、オルレアン公は千ポンドのパンを毎日配り、貧しい地区では大きなかがり火を燃やした。

一七八九年七月にバスチーユ襲撃が起こり、フランス革命の始まりとされるが、八月にジョルジュは今回もオルレアン公の依頼でプリンス・オヴ・ウェールズとの絆を維持するために、二度目のロンドン訪問を行った。プリンスの住むブライトンに滞在中は毎朝プリンスとフェンシングをして、狐狩りにも同行した。一〇月にはオルレアン公もパリを離れ、ロンドンへ向かった。この二度目の滞在中にジョルジュは、命を狙われて五人の一団から襲撃を受けた。無事に退けたが、イギリスで高まる奴隷制廃止運動へのジョルジュの貢献を阻止する目的だったとバナトは推測している（Banat 294）。ジョルジュと奴隷制廃止運動との関わりについては推測するしかないようであるが、オルレアン公との関係やイギリス訪問などを通して、そうした運動を知っていたことは間違いないと思われる。

一七九〇年七月、オルレアン公がパリに戻った頃、ジョルジュもフランス北部のリールでフェンシングの試合をした新聞記事が残っている。具合が悪く熱があったと書かれているが、この病気のためにその後六週間床に就いた。その後、ジョルジュはリール市民に捧げるオペラを作曲し、地元で上演された。同年九月、このリールで、ジョルジュはラファイエット（Lafayette）が指揮する国民軍（National Guard）の志願兵募集に応じ、またこの都市でコンサート活動も続けた。

一七九二年四月にルイ一六世がオーストリア・ハンガリー皇帝に対し宣戦布告し、フランス国民軍はオーストリアと、その後プロシアと、またオランダへ侵攻したことからイギリスとも戦うことになった。革命を嫌う貴族将校が軍隊を離脱する中で、九月にフランスの植民地サン・ドマング［現在のハイチ］の混血軍の代表であるレイモンド（Julien Raimond, 1744–1801）の嘆願により、黒人部隊の結成が決まり、ジョルジュが新しい連隊の大佐に指名された。この時ジョルジュはサン・ドマング生まれで息子が『三銃士』、孫が『椿姫』の作者であるデュマ（Thomas Alexandre Dumas, 1762–1806）を中佐に抜擢したが、息子デュマ（Alexandre Dumas père, 1802–1870）による『回想録』（Mes mémoires, I, 78–82）では、ジョルジュは臆病者で資金を横領した人物として描かれている（Banat 381）。経験のない兵士たちと、再三の催促にもかかわらず部隊の準備金が送られてこないという厳しい状況下での指揮であった。

一七九三年一月にはルイ一六世が処刑されるなど、過激派が台頭し、革命初期に活躍した人びとも反革命と断罪された。そうした一人であるデュムーリエ将軍（Dumouriez）の部下を捕らえる時に、当時四八歳のジョルジュが貢献しているが、九月にジョルジュ自身が反革命的であるとして逮捕された。なお、デュマは准将に昇格している。一〇月にはアントワネットも処刑された。

一七九四年七月、ロベスピエールを含む一〇五人が処刑され、恐怖政治が終わった。一〇月には、ジョルジュにも解放令が出た。ジョルジュは「最初はフデインヴィルに、その後クレルモン・シル・ワズに送られ、一年以上投獄されていた」(La Laurencie 79) という。その後一七九五年に、ジョルジュの部隊であった追撃兵一三連隊の指揮官に復帰させるという任命書が出たが、前任者が権利を主張し、ジョルジュの再三の嘆願にもかかわらず、一七九五年一〇月にはジョルジュの復帰は最終的に拒否された。一七九七年五月三日付けのジョルジュ自筆の嘆願書が残っている。

私は革命への支持を変わることなく表明してきました。どのような迫害も妨げることのできない疲れを知らない熱意を持って、戦争の始まり以来奉仕してきました。私には私の地位に復職する以外に他の方策はないのです。(Banat 425)

生計のために必要な職というだけではなく、この手紙からは革命のために戦いたいという思いが窺われる。ジョルジュの最後の願いであったが、叶えられなかった。ジョルジュはその後、黒人奴隷と混血黒人が対立しながらも、植民地支配層と彼らを支持するイギリス軍との間で戦闘が繰り広げられていたサン・ドマングに、一七九六年から九七年頃、ラモットとともに赴いていたようであるが、詳細は不明である。これも推測するしかないが、フランス革命の精神がもっとも発揮されたこの植民地の独立と黒人奴隷の解放の戦いに、「革命への支持」者を自認するジョルジュが強い関心をもっていたとしても不思議ではない。その後一七九七年の四月にはパレ・ロワイヤルでの新しい楽団の連続公演に、ジョルジュが関わっていたことが知られている。[8]一七九九年六月九日にパリで一ヵ月の闘病後亡くなった。ジョルジュが指揮した追撃兵一三連隊のかつての忠実な部下に世話をされ、看取られている。

四．現代における評価

ジョルジュに関する書物は、フェンシング関係者によるものをはじめとして一九世紀前半から断続的に書かれており、伝説として残っていたが、その音楽に関しては「二世紀に及ぶまったくの忘却」（Banat 456）からのめざましい復活であるとバナトは述べている。もちろん消え去ってしまったわけではなく、たとえば、一九一九年一月号の音楽誌に取り上げられて、ゴセックと並んで「フランスで弦楽四重奏を最初に書いた」（La Laurencie 75）とか、「一八世紀後半のフランスのバイオリン学派を代表する」（La Laurencie 85）人物の一人として評価されている。バナトは歌も含め、オペラ・コミック、協奏曲、ソナタなど、八〇を越える作品リストを作成している。

英語圏では、二〇〇三年三月六日にカナダのテレビ局ＣＢＣが『黒いモーツァルト――伝説復活』（*Le Mozart Noir: Reviving a Legend*）を放映し、それが二〇〇五年にＤＶＤとなり、世界に広まった。筆者もこれを見てジョルジュに関心をもった。映像ではフェンシングやバイオリンの名手としての活躍、社交界の寵児でありながら正式な結婚の機会を得られない悲しみ、奴隷制廃止など進歩的な思想の持主である友人が貴族として処刑され、自分もバイオリンを奪われて投獄される苦しみなどが描かれたが、黒人部隊の指揮者という側面にはあまり触れられていなかった。彼の曲を演奏する現代の音楽家たちが、バイオリン奏者を悩ます高音部へ駆けあがる華麗なテクニックと、悲しげに響く第二バイオリンによる通奏低音について語っていた。

フランス革命によって人間の自由と平等を説く人権宣言（1789）が出され、一七九四年には、フランス植民地での奴隷制廃止が宣言された。だが、一七九九年にナポレオン・ボナパルトがクーデターを起こし、一八〇二年には奴隷制と奴隷貿易を復活させ、グアドループとサン・ドマングへ派兵して、サン・ドマングの指揮官であった元奴隷のトゥーサン・ルーベルテュール（Toussaint-Louverture, 1743–1803）をフランス軍に降伏させた。フランスの奴隷制廃止は最終的に一八四八年まで持ち越される。「奴隷貿易と奴隷制がフランス革命の経済的基盤であった」（C.L.R. James 47）というフランス革命の担い手たちの限界が露呈されたといえる。

他方で、サン・ドマングにおいてフランス革命の精神は引き継がれ、一八〇四年に初の黒人共和国であるハイチ共和国が誕生した。本国イギリスの自然権の思想を掲げて初の共和国を実現したアメリカに次いで、早くもカリブにおいてヨーロッパの人権思想を実現したのである。しかも、奴隷とされたアフリカ系の人びとによる勝利であった。ジョルジュはハイチ革命とは直接の関わりはない。だが、残された文書である、革命軍への復職を嘆願する手書きの書簡からは、ジョルジュがフランス革命に託した思いの強さが窺われる。西洋文化であるフェンシングや音楽において活躍し、西洋の歴史に名を残すことができたジョルジュであるが、音楽以外に、テクストとしてその心情を窺うことができるのは、黒人軍の指揮官としてとどまりたいという、叶わなかった訴えのみである。この手紙が後世に残ったことは、それだけで感慨深いといえるのではないだろうか。フランス革命の一部に関与していたジョルジュを、ハイチ革命を実現したカリブ人の姿と重ねて見ることができるように思われる。

注

注1　よく知られたバラード、「ようこそ、借金仲間」（"welcome, welcome, brother debtor"）の作者であるという説もある（MacDermot 153）。

注2　一六八五年の黒人法典では、独身の白人男性と奴隷の女性との婚姻は公認され、式後母子は自由の身分となった。白人と黒人の中間層のムラートを味方にしておこうというのが、白人人口の少ない初期における方策であった。しかし、その後白人人口の増加につれてこの慣行は捨て去られ、「ムラートの子どもは増え、その父親の気まぐれによって解放されたり、奴隷の身分にとどまったりした」（C.L.R. James 37）。

注3　『ブラック・ジャコバン』第二章によると、「一七一六年までは、フランスの地を踏んだ黒人奴隷はすべて自由とされ、五〇年を経た一七六二年の別の法令はこのことを再確認した」（C.L.R. James 40）。

注4　La Boëssière *fils*, Notice, vi.

注5　Prod'homme 12.

注6　ジョルジュの伝記作家ピエール・バルダン（Pierre Bardin）が二〇一五年二月に、アン（Anne）・ナノンの亡くなった日が、ジョルジュが出獄した翌年一七九五年一二月一六日であることを発見したと、ホームページ（Généalogie et Histoire de la Caraïbe, http://www.ghcaraibe.org/articles/2015-art01.pdf）で明らかにしたという情報が、アフリカ系音楽家のサイト（AfriClassical.com）のサン・ジョルジュの項目の四一番目"Nanon Found Again"に載っている。バルダンによると、その前にすべての財産をジョルジュに譲るという証書を残したが、アン・ダンネヴォー（Anne Danneveau）と署名されていた。名前を変えていたのである。混血の人びとへの抑圧が強化される社会風潮の中で、ジョルジュに不利にならないよう、ナノンは正体を隠そうとしたと推察されている。

注7　Grimm IX, 184.

注8　絵本『もう一人のモーツァルト』には、一七九八年七月に、パリのモンソー公園で熱気球が打ち上げられた

時、熱気球家が美しい少女を連れて飛行するという宣伝で大勢の人びとが集まったが、その少女を腕に抱えて公園を巡り、少女が気球の籠に乗る手伝いをした人物が、「有名なサン・ジョルジュだ。まだ生きていたんだ」（Brewster 42）と人びとが喝采を送ったというエピソードが見られる。

第二章

一九世紀の奴隷でイギリスへ渡り自由を求めた

メアリ・プリンス（バミューダ出身）

——意志と行動力で自由の身分を得るために奮闘——

本章では一九世紀奴隷制末期にカリブ［当時西インド］の奴隷であったメアリ・プリンス（1788-?）による『自伝』（*The History of Mary Prince: A West Indian Slave, Related by Herself*, 1831）を取り上げる。本書は、一九世紀の奴隷制廃止運動の中でおもに書かれた「奴隷体験記」と呼ばれるジャンルに分類されるもので、奴隷の体験がどのように悲惨なものであるかを多くの人に知ってもらうという目的をもち、一人称で語られ、フィクションではなく真実の物語であるという証明がつけられているといった特徴をもつ。[1] 本書は、出版年に三版を重ねるほど評判となり、「植民地奴隷制の奴隷体験の得られた数少ない文書の一つであり、直接にイギリス奴隷制廃止論を急進化させる力となった」(Blackburn 442) と評価されている。ここで対象とするテクストは、一九九三年にファーガソン (Moira Ferguson) が初版を基にして編集出版したもので、出生、売買証明書、裁判記録、手紙などの資料を加えて内容を補完した、実証的研究となっている。

一・新大陸植民地における奴隷制の発達について

歴史学者ブラックバーンの研究によると、ヨーロッパとアフリカから新大陸アメリカへ赴いた人びとは、一五八〇年以前はヨーロッパ人の方が多く、一七世紀の半ばまではアフリカ人奴隷と同数に留まっていたのが、その後カリブのイギリスおよびフランス領をはじめとして、奴隷が多数を占めるようになっていった。「新大陸の植民地奴隷制は一七世紀ヨーロッパの資本主義の台頭の中で発展した」（Blackburn 2）のである。一八世紀になるとアフリカ人奴隷の数は激増し、新大陸全体で一七〇〇年の四〇万人から、一七七〇年には二四〇万人となり、六倍に増えた。なかでもイギリスとフランス植民地での増加が際立っており、両国の植民地の砂糖の生産量は、一七六〇年には年間一五万トンであったが、一七八七－十七九〇年には二九万トンに達したという（Blackburn 12）。

砂糖、煙草、綿花などの農作物はヨーロッパで商品として求められ、それらの労働力を供給する奴隷貿易も莫大な利益をもたらした。カリブ出身の経済史学者エリック・ウィリアムズ（Eric Williams）は『資本主義と奴隷制』（*Capitalism & Slavery*, 1944）の中で、リヴァプールは「一七九五年にイギリスの奴隷貿易の八分の五、ヨーロッパ奴隷貿易全体の七分の三を担っていた」（Williams 34）のだが、その「奴隷貿易は全体として一七八〇年代だけでもリヴァプールに年間三〇万ポンドの利益をもたらしたと見積もられる」（Williams 36）と述べている。同じくカリブ出身のマルクス主義思想家C・L・R・ジェームズは、フランスの「奴隷貿易の中心地だった」ナントについて、「早くも一六六六年に、一〇八隻の船がギニア海岸に行き、三万七四三〇人の奴隷を積みこんだ。それは総額三七〇〇万リーヴルを越え、ナントのブルジョワジーに一五から二〇％の利益をもたらした」（C.L.R. James 47）と述べている。こうした利益のため、一八世紀にはヨーロッパ諸国、とくにイギリスとフランスが、新大陸での利権を巡って対立し、スペイン継承戦争（1701–1714）、オーストリア継承戦争（1740–1748）、七年戦争（1756–1763）などを引き起こした。

一八世紀にフランスで発達したほとんどすべての産業は、ギニア海岸かアメリカに向かう商品や日用品の製造であり、奴隷貿易から得た資本がそれらを育んだ。ブルジョワジーは奴隷以外のものも売買していたが、すべては奴隷貿易の成否に依存していた。(C.L.R. James 48)

ブルジョワジーは重商主義の保護貿易時代に台頭してきたのだが、彼らは万人の自由と平等を認める啓蒙主義の思想を育み、しだいに自由貿易を求めて絶対王政と敵対するようになる。その結果、革命が起こった。関税廃止を求める植民地アメリカは自由と平等を掲げて戦い、アメリカ合衆国(1776)として独立し、イギリスは最大の植民地を失うことになった。また、フランスも一七八九年に輸出一七〇〇万ポンドのうち、一一〇〇万ポンドを占める(C.L.R. James 50)貿易先であったカリブ[西インド]の植民地、サン・ドマングを、ハイチ共和国(1804)として独立を実現されて、失ってしまう。

イギリスが、アメリカの代わりにインドで砂糖や綿花の栽培を始め、カリブの重要性が減ったこと、アダム・スミスなど新しい経済学者によって奴隷労働が非効率として批判されたこと、宗教者を中心に非人道的な奴隷貿易や奴隷制度が弾劾されたこと、また奴隷自身がサン・ドマングの独立に尽力したトゥーサン・ルーヴェルテュールのように根絶に立ち上がったことなどが、一九世紀の奴隷貿易廃止と奴隷制度廃止をもたらすことになっていく。

二．奴隷解放協会によってメアリの自伝が出版された経緯

本書の編集者はトマス・プリングル（Thomas Pringle, 1789-1834）である。彼はメアリとほぼ同年代のスコットランド人であり、一八二〇年にスコットランドから南アフリカへ移住する農業家集団のリーダーであったが、ジャーナリストとしての活動により体制と衝突して失職した。そして一八二六年にロンドンへ来て、翌年奴隷解放協会の秘書の仕事に就いたという経歴の持ち主である。南アフリカで、入植以来三年におよぶ不作や災害に苦しむ移民たちのために、窮状を訴える報告書（1824）を出版しているが、その百余頁の本文に四九頁に及ぶ序論をつけた。彼の序文は「全体の状況へのガイドとして価値があり、その時代その場所の歴史の一部として意味をもちつづけている」（Doyle, Jr. 69）と評価されているが、本書の入念な「付記」にも、同様の功績を見ることができる。南アフリカでは植民地支配の下で現地のアフリカ人奴隷とも出会っている。一八三四年には『南アフリカ滞在記』を出版し、当時書いた自作の詩なども載せている。同年、奴隷制廃止が実施されたが、その数ヵ月後に病没した。

一八二二年一一月、主人に連れられアンティーグアからイギリスに渡ってきたメアリは、家を追い出されてモラヴィア伝導教会を頼り、そこから奴隷解放協会へ駆け込んできた。イギリスではグランヴィル・シャープ（Granville Sharp, 1735-1813）等による奴隷制廃止運動の中で、一七七二年に

アメリカで奴隷であったソマセット（James Somerset）がイギリスに来て二年後に主人から逃亡して捕らえられた時に、自由の身分という判決を勝ち取って以来、イギリスに来た奴隷の自由は法的に確立していた。カリブ［西インド］ではメアリは奴隷であったが、主人に伴ってイギリスに来ると、奴隷を認めないイギリスでは自由な身とみなされ、カリブへ帰るとまた奴隷となるという境遇であった。実際には植民地の奴隷制に依存しながら、自由と平等を奉ずる建前から、本国では奴隷の存在を否定するという欺瞞が、フランスやイギリス本国での状況であった。イギリスが奴隷を解放するとしたのは、解放令が通過した一八八三年七月三一日であり、実施されたのは翌年八月であった。メアリは解放直前の時期に、すなわち植民地の大農園所有者たちの最後の抵抗が続いていた時期に居合わせたことになる。メアリの願いは自由の身で故郷へ戻り、夫とともに過ごしたいというものであったが、プリングルらの努力にもかかわらず、個人として自由は獲得できなかった。プリングルがメアリの所有者であるジョン・ウッド（John Wood）に名誉毀損で訴えられた、一八八三年二月二六日の裁判以後のメアリの消息は不明である（Ferguson 28）。

メアリが関わった奴隷解放協会は、一八二〇年五月に再設立されたもので、その時の集会には二〇〇〇人の支持者が参加し、一五〇〇人は中に入れなかったほど盛会で、植民地における奴隷の即時解放を求めていた（Blackburn 436）。翌年には運動をイギリス全土に広げるため、有給の五名から成る「代理委員会」が創られ、国中をまわり、まもなく奴隷解放協会には一二〇〇もの地方支部が創られたという（Blackburn 439）。

本書はプリングル家に滞在していたストリックランド（Susanna Strickland）による口述筆記である。メアリは最初の女主人やモラヴィア教会などで読み書きを習っていたので、自筆でないのは、目のせいかもしれないという憶測もある（Baumgartner 269）。本書の第二版の一八三一年三月二二日の日付のあとがきで、メアリが初版出版以来目を病み、完全な盲目になる恐れもあると書かれているからである（Prince 129）。プリングルは序文で、本書の執筆はメアリ自身が提案したもので、メアリは「奴隷が感じたことや苦しんだことを、奴隷の口からイギリスの善良な人びとに聞いてほしい」（Prince 55）と語ったと述べている。もっと切迫した目的は、メアリの主人であるジョン・ウッドにメアリの解放を促すことであった。

三．メアリの語る奴隷としての生涯

（一）生い立ちと少女時代

メアリは一七八八年、バミューダ島に奴隷として生まれた。主人は農園主であったチャールズ・マイナーズで、母は農園の家事奴隷、父は別の所有者である造船業者の奴隷で、大工であり、洗礼名がプリンスであった。その後、マイナーズの死亡により、メアリは母とともにジョージ・ダレル船長に売られ、その孫ベッツィ・ウィリアムズの所有となる。母はこのウィリアムズ家で、三人の男の子と二人の女の子を出産している。ダレルは貿易船の船長で、厳格だったが、その妻、優しい女主人セアラのもとでメアリは母や兄弟たちと幸せに過ごした。この時の仕事は赤ん坊であったセアラの息子の世話であり、その兄や姉も引き連れて一緒に海辺を散歩することは大好きだったとメアリは語っている（Prince 59）。

一七九八年、セアラが亡くなり、子どもたちがばらばらに売られた。朝、子どもたちに粗い綿の新しい服を着せ、奴隷市場のある遠い町まで歩いて連れて行ったのはメアリの母親であった。泣きながら競売を見守っていた母は、最後に子どもたちを抱き寄せ、「良い心を失わず、新しい主人に義務を果たしなさいといった」（Prince 63）。メアリはI船長［ジョン・インガム］夫妻に二〇ポンドで売られた。一二歳まで幸せに暮らしていたメアリは、ここで初めて酷使と鞭打ちの虐待を受ける。仕事はあらゆる家事一般、洗濯、パン焼き、綿花や羊毛摘み、床洗い、料理などであった。裸にされて手首を縛られて吊るされ、鞭打たれるというのは、通常の罰であった（Prince 66）。ヘティというこの家の働き者の奴隷はメアリにとても優しくしてくれたが、妊娠中に虐待されて死産し、その後健康を回復することなく亡くなった。

その後、乳しぼり、家畜の世話などメアリの仕事は増え、虐待は続き、とうとうメアリはこの家を逃げ出し、セアラの異母兄弟であるリチャード・ダレルの家にいた母のもとへ向かった。母に数日洞窟にかくまわれたが、父が主人のもとに連れて帰った。この時父は、子どもが逃げ出したのは申し訳ないと思うが、この子が受けた扱いは耐えられるものではなく、この子の傷をみると私の胸がつぶれる、「どうか逃げたことをお許しください、そしてこれからは優しいご主人になってくださることをお願いします」(Prince 70) と主人に語っている。だが、主人は受け入れず、この時メアリは勇気を出して、もう鞭打ちには耐えられない、生きているのが嫌になって母のもとに逃げたが、母は泣くばかりで、奴隷の母は残酷な主人や鞭やロープから子どもたちを守ることができない、と発言した。この時主人からは、黙って仕事に就けといわれただけで、その日は鞭で打たれなかった。

　このエピソードについて批評家パケット (Sandra Paquet) は、主人の乱暴を諭す父の言葉を聞いて、「自分のために、母のために、すべての奴隷の母親のために話す」(Paquet ② 142) ことを覚えたこの体験が、その後主人たちにはっきりと自己主張することをメアリに教えたのであり、この『自伝』を出版しようという発案に至っているのではないかと推察している。

(二) 成長してからの体験

　その後五年間虐待に耐え、一八〇二年頃、船に乗せられタークス・アイランドへ売られた。四番目の主人はDである。[2] この時、メアリは一〇〇ポンドの価値があると見積もられた (Prince 71)。仕事は、塩池で膝まで水につかり、立ったままシャベルで塩をすくって樽に入れるというもので、朝四時から九時まで続き、とうもろこし粥を与えられ、またすぐに仕事に戻り、灼熱の太陽に焼かれ、夜の一二時に家へ帰って、コーンスープを急いで食べるという日課だった。服で覆われていない部分には火ぶくれができ、脚や足の水につかった部分には、悪化すると骨まで食い込む腫れ物ができた。ほかに海へもぐって建設用の石を拾ったり、石灰を燃やすためにマンゴーの木を薪に切り分けることなどの用もさせられた。また、時には徹夜で船に積む塩を計量したり、塩作りのために海から水を掻き出す機械を回したりしなければならなかった。

主人のDは冷静に残酷な鞭打ちを行う人物であり、メアリもしばしば裸にされ、鞭や素手で打たれたが、老人、病人、怪我人など働けなくなった奴隷は悲惨であった。腰が不自由で十分な仕事ができない老いたダニエルは、茨の棒で皮膚が真っ赤になり皮がむけるほど叩かれ、バケツで塩水をかけられ、のた打ち回って痛みに苦しんだ。傷が癒えることなく、蛆が湧いてさらに苦しんでいたという。また、老いて頭も確かでないようなセアラは鞭打たれ、毒のとげのある藪に放りこまれ、体中膨れ上がり、数日後に死んでしまった。これはDに劣らず残酷な、Dの息子の行為である。「私自身の悲しみを語る時、これらの仲間の奴隷たちを通り過ぎることはできない――というのは私自身の悲しみを思う時、彼らの悲しみを思い出すから」(Prince 75) とメアリは述べている。

ここで一〇年間働き、一八一〇年頃メアリは、息子に仕事を任せたDとともにバミューダへ戻ってくる。Dの娘たちに仕えさせるためだったが、性的搾取があったのではないかと推測できる。だが、とにかく、タークス・アイランドから逃げ出したのである。バミューダに帰ってから数年間Dのもとにいたが、その間の仕事は畑でさつまいも、とうもろこし、プランテイン、バナナ、キャベツ、カボチャ、玉ねぎなどを育て、家事一切をこなし、馬と牝牛の世話をし、その他あらゆる使い走りをするというものだった。タークス・アイランドほどひどくなかったとメアリはいっている。

Dは酒に酔うと、娘に腹を立てて暴力をふるうことがあった。ある時殺しかねないほどの暴力を受けている娘を、メアリが父親の暴力から引き離したエピソードが語られている。

…私は主人がミスDをひどく叩いているのを見出した。私は全力で彼女を主人から引き離した。…主人は向き直って私を鞭打とうとした。それで私はいった。「だんな様、ここはタークス・アイランドではありません」。私は主人の返事を繰り返すことはできない、その言葉はあまりに悪辣であり――口に出せないほどひどいので。主人はタークス・アイランドで振舞ったと同じようにバミューダでも私を扱いたかったのだ。

主人は裸になり、水桶に入り私に体を洗わせるというおぞましいやり方をしていた。これはあらゆる鞭打ちより私にとって嫌なことだった。／…私はそれから主人に、もう一緒には住みません、ご主人は大変下品な人だから――執念深く、あまりに下品で、召使に対しても肉親に対しても恥じ知らずだからといった。そうして私は近くの家まで行って腰を下ろし、朝まで泣いたが、どうすればよいかわからず家へ帰った。(Prince 77, 78)

メアリは主人の娘を救い出すことはできたが、それ以上のことはできなかったように見える。けれども、おそらくこのように主人に対する自分の軽蔑をはっきり表明したことによって遠ざけられたのか、その後メアリは別の場所で洗濯をする仕事に貸し出されるようになった。毎週土曜日の夜に、主人にそこで得た賃金を払えばよくなった。山盛りの洗濯ではあったが、かなり心地よくなったとメアリは語っている。

一八一三年頃、ジョン・ウッドがアンティーグアに帰ると聞いた時に、メアリは自分から頼み込んで、三〇〇ドル（約六七・一〇ポンド）でDから買い取ってもらい、ウッドの奴隷となってアンティーグアに渡った。そこでの仕事は部屋の掃除、子守り、川へ降りての洗濯であった。ところが、その後メアリのリューマチがひどくなり、杖をついて歩くようになり、さらに左足を聖アントニー熱にやられて数ヵ月も動けなくなってしまった。虫が群がる外小屋に寝ている間、ウッド夫人は面倒を見てくれず、隣人がメアリのうめき声を聞いて、老いた奴隷を寄越してくれた。その老婆に熱いお湯に入れてもらったり、世話をしてもらったという。隣人の親切がなければ死んでいただろうと思う、とメアリは語っている。

その後仕事に戻ることができたが、仕事量をめぐって夫人と対立することが多くなった。メアリは自分が病気だった時、誰も近づかず、世話をしてくれなかったのは女主人が怖かったからだという、これは大変な侮辱なので、夫妻は激怒したと書いている。ここで、メアリはキリスト教道徳を大義として掲げて、病人の世話をしなかった主人たちの非人道性を告発している。ウッド家で家内労働者となったメアリが、以前の主人Dとの関係と比べ、より主人と近い距離にあることがわかるエピソードである。これに対して夫妻がメアリに対して用いた罰は、新しい主人を探してこいと家から追い出すことであった。実際にはメアリを手放すつもりはなく、メアリが自分を買ってくれるという人物を連れて帰ると、夫妻は二度とも拒否している。これは、「付記」の手紙でフィリップス（Joseph Phillips 後述）も指摘していることであるが、ウッド夫妻はメアリがいる間に五人の奴隷を売ったのだが、メアリは手放さなかった。フィリップスによれば、メアリはウッド一家の留守中は鍵を預けられるほど信頼されていたという（Prince 110）。夫妻はメアリの人間性を認めていたのだが、自分たちに依存しなければ生きていけないのだと、その奴隷の立場を思い知らせてやりたかったのだと思われる。

四．奴隷制度下であっても、主人と対等な人間としてのメアリ

ウッドの家に一五年ほどいた後、子どもの世話のため彼らの渡英に同行したメアリがイギリスでウッド夫妻の家を出て行く事情は、以下のように語られている。

子どもの世話をするためについてきたのであり、アンティーグアから渡ってこなければよかった、女主人が私のリューマチに同情もせずにこんなにひどく働かせるのだから、と私はいった。ウッド夫妻はこれを聞いてとても怒り、激昂して私に向かって立ち上がってきた。二人はドアを開けて出て行けと命じた。でも私はよそ者で、通りのどの家も知らないし、出て行きたくなかった。夫妻はひどく騒ぎ立ててその日から私を絶えず罵り、酷使した。…これは彼らが私を追い出すと脅した四回目であり、どこへであろうと、今度は彼らの言葉どおり受け取るこ

とにした。けれども一三年間一緒に暮らし、彼らのために馬のように働いてきた後で、こんな風に物乞いのように追い出されるのは、とてもひどいことだと思った。…「待って、トランクを取り上げる前に、この人たちの前で私がいうべきことを聞いてください。私は命じられた通りにこの家を出て行きます。でも、私はここでも西インド諸島でも主人たちに対して何も悪いことはしていません。私は昼も夜もいつも一生懸命主人たちを喜ばせようと働いてきました。でも満足させることは不可能でした。なぜなら女主人は道理ある仕事では決して満足できなかったからです。私は女主人に具合が悪いのだといいましたが、彼女は私に家から出て行くよう命じました。これが四回目で、今私は出て行きます」。(Prince 87, 88, 90)

アンティーグアから子どもの世話をするために「ついてきた」、「こなければよかった」、「言葉どおり受け取ることにした」、「この家を出て行きます」というように、メアリは奴隷という身分でありながら、自分が自由意志によって行動していることを強調している。その後メアリは家を出て、唯一の知り合いであるウッド家の靴磨きの夫婦に、アンティーグアで通ったモラヴィア教会の支部に連れていってもらい、その援助を受けることができた。そして、家を本当に出るために、トランクを取りに戻った時、メアリは自分がなぜこうした行動をとるか、この事態を自分はどのように考えているか、わざわざ演説をしたのである。自分の勤勉を主張し、女主人の病人に対する行動を非難するという、彼らの究極の価値観であるキリスト教倫理からの人間性の攻撃を奴隷から受けることは、奴隷主にとってはひどい屈辱だったと思われる。

アメリカのケンタッキー州の奴隷であったヘンリー・ビブ（Henry Bibb, 1815–1854）は二度も逃亡に成功しながら、二度とも妻子を連れに戻って捕まってしまったという奴隷である。妻子も一緒に買いたい、千ドルでも出してかまわないという申し出があっても、「自分のもとを逃げ出した」彼を「甘やかしたり、満足させたりするくらいなら、悪魔に渡したほうがましだ」（Bibb 146–147）と主人は絶対に譲らず、結局彼はその後家族とは二度と会えなかった。このように金銭を度外視させるほどの奴隷主の怒りは、ヘンリー・ビブやメアリ・プリンスが、奴隷でありながらも人間として、主人の主導権を脅かす存在であったからであると推測できる。身分は奴隷であっても、人格として対等であり、自分より劣る存在でないことを、奴隷主自身が感じていたのだと思われる。

アメリカで奴隷解放運動を展開し、解放後は市民活動家、政治家として活躍したフレデリック・ダグラス（Frederick Douglass, 1818?–1895）にも、奴隷時代に暴力的な奴隷主コヴィに身体的な力で立ち向かって、一対一で負けなかったというエピソードがある。ダグラス一六歳の頃の二時間にも及ぶ闘いは、人生の転回点となったと最初の自伝一七章に書かれており、有名である。以後コヴィはダグラスに手を上げることはなかった。主人と奴隷とは経済的政治的法律的な区分に過ぎず、身近に触れ合えば、互いに個人と個人の関係であることが露呈されるのである。プライドがぶつかり合うこともあるし、友情や愛情も可能なのである。

メアリは最初の女主人について、夫のひどい仕打ちに耐える彼女を「奴隷たちは皆愛しており、気の毒に思った」と述べ、「私が女主人の命令に従ったのは、喜んでそうしたのであった。それは私が女主人に感じていた愛情からのみ引きおこされたのであり、白人の法が私に対して女主人に与えた力を恐れたからではなかった」(Prince 58) と、子どもであっても、また奴隷であっても、自分が思いやりや愛情に基づいて、自由意思による行動をしてきたと明言している。別のどこかの島に女性がいるという噂があったこの家の主人は、西インド諸島で典型的な白人男性の一例かもしれず、そう見ると、奴隷制度の被害者が黒人だけではなかったという側面もこのエピソードから窺われる。奴隷が主人を哀れんでも不思議ではなく、社会的身分は違っても、メアリの人間的成長がカリブの制約の下で育まれていたことがわかる。

ウッド夫妻は、メアリが一八二六年に自由黒人ダニエル・ジェームズと結婚した時、また、イギリスに来る直前、二度目にリューマチで具合が悪くなった頃にメアリが自分を買い取りたいと申し出た時も、大変腹を立てた。メアリは一八一七年四月六日に国教会で洗礼を受けていたが、その後より友好的なモラヴィア教会へ通うようになり、奴隷にとって可能な限りの正式な結婚をした。仕事の合間にメアリは自分の金を一〇〇ドルほど貯めており、バーチェル (Mr. Burchell) との交渉で、しばらく彼のもとで働いて借りを返す条件で残りのお金を融通してもらうという約束を取りつけ、自分を買い取ることができるようになっていた (Prince 85)。身分は奴隷ではあったが、すでにアンティーグアにおいて、メアリは道徳的、経済的に主人と対抗できる、イギリス社会に通用する主体性を獲得していた。

五. メアリへの人格攻撃

一八二九年に交渉が成功しないままウッドはアンティーグアに去り、メアリは同年一二月からプリングルの家の使用人となった。クェーカー教徒の友人を通じてアンティーグア総督からウッドに働きかけを行うが、ウッドから総督秘書に次のような断りの返事がきた。

彼女が望んでいるような身分で彼女がここへ戻ることを認めることを私が拒否する、多くの強力な理由があります。それは最低の種類の恩知らずに対して報いることになってしまうし、また彼女が私と出会う折ごとに私自身を侮辱に晒すことになるからです。彼女の道徳性は、警察の記録が示すように、大変悪いものです。彼女が何の抑制も受けずにここへ来たなら、大変な厄介者になるでしょう。…彼女は自由を選んだのであり、ただ私の望むことは、私に構わず自由を楽しんでほしいということだけです。(Prince 100)

ウッドは、メアリ解放を拒否する理由として、「恩知らず」「道徳性」「厄介者」というように、個人の人格に問題があると主張し、最後に、自分の家を出たメアリは自分で自由を選んだのであるから、勝手にすればよいと突き放している。本書の付録九の『バミューダ・ロイヤル・ガゼット紙』

一八三一年一一月二二日付けの記事「メアリ・プリンスの所有者であるジョン・ウッド大妻擁護」においても、解放に応じないウッドの姿勢は、メアリの自由な身分を強調することで、擁護されている。「ウッド氏が彼に仕掛けられた罠、すでにイギリスで**自由勝手に**［原文イタリック］振舞っているメアリ・プリンスの**自由を売る**［原文イタリック］よう仕向けるという罠に嵌められることを拒否したのは、当然至極であるといえば十分であろう。もしウッド氏が、メアリ・プリンスを売買するというように奴隷として扱っていたなら、そうした取引に対して特別な条項を含む議会の法の罰則を身に受けることになったであろう」(Prince 152–23, 155)。実際には、メアリはウッドに解放されないかぎり奴隷であり、西インドには自由の身として帰ることができないので、奴隷所有者たちからの「自由」という言葉は虚言である。

プリングルは、このウッドの手紙を紹介し、それを六項目にまとめて、それぞれ具体的に批判した。さらに、このウッドの誹謗に反論するために、メアリの人格を保障する証言を集めた。最初にウッドやメアリを実際に知っているアンティーグア在住のフィリップスの手紙、次にイギリスへ来てからのメアリ側の知人として、一八二九年の夏にメアリがその家で働いたフォーサイス夫人によるメアリの人物を保障する紹介状、さらにプリングル自身が自分の家で一四ヵ月家事労働をした仕事ぶりについて、メアリの人格を擁護する証言を載せている。メアリは、イギリスでは自由とみなされているため、その自立した主体としての責任が当然のように問われたのである。不慣れなイギリス社会で、メアリは市民として、労働者として、社会的に受け入れられる人格であることを前提とされ、そこで暮らしを立てていくことを強いられた。

メアリの人格を云々せざるを得なかったものの、奴隷制廃止論者のプリングルは、そうしたメアリへの不当な処遇に気づいている。「しかし、結局のところ、その釈明は彼女にとって重要ではあるが、メアリの人柄は、この件において実際上主要な関心事ではない」（Prince 116）とプリングルは明確に述べており、ウッドの側の姿勢、すなわちイギリスでメアリに難癖をつけ、アンティーグアへ帰るしかない状況へ追い込んだこと、またメアリの解放に同意しないこと、という二つの「疑問の余地のない事実」が、この件では何より問題なのだと指摘している（Prince 117）。メアリは自伝の最後に、「私たちは辛い仕事は気にしません、イギリスの使用人のように、正当な扱いを受け、正当な賃金をもらえるなら、週に安息日を破らずにすむような時間を与えてくれるなら」（Prince 94）と述べて、自分が勤勉な労働者で、キリスト教徒であることを強調している。こうした自己描写には、イギリスの読者層に向けた、社会の要請する価値観への配慮が見出される。

六．メアリの隠された性関係

ウッドがアンティーグア総督秘書に宛てた手紙でメアリの人格を攻撃した時、特に非難していたのは、その性的な行動である。プリングルが、「女性に目を通される可能性のある出版物に表れるにはあまりにもみだらな」状況であるから省いたと断っている一節のほかにも、「彼女の卑しさ」「彼女の堕落」（Prince 101）などの言葉が手紙で用いられている。先に見た付録九の新聞記事には「売春婦」という言葉も見られる。アンティーグアの証人として返事を寄せたフィリップスは、メアリが結婚以前に白人の某船長と関係をもっていたことは聞いたことがあると述べ、次のように付け加えている。「しかし、とにかく、そうした関係は我われの奴隷植民地ではごく普通のことで、ほとんど一般的といってもよいことで、宣教師とかわずかなまじめな人物を除いては、それらはたとえ欠点としてもあまりにも些細なもので、不道徳という名にほとんど値しないといえるでしょう。…しかしウッド氏が法的な結婚を否定されている黒人奴隷に対して、この種のルーズさにそれほど大きな犯罪性を見出しているとしたら、そして自ら語っている話にひどくショックを受け、驚いているとしたら、何か…別に目論見があるに違いないと私は確信します」（Prince 111）。

ファーガソンの収録した付録六の一八三三年のウッド対プリングル裁判記録では、メアリは自由黒人オイスクマン（Oyskman）やアボット船長（Captain Abbot）との関係について、またアボットをめぐる別の黒人女性とのスキャンダラスなできごとについても語っており、これらの事実はすべて自伝筆記者のストリックランドにはすでに話したと述べている。プリングルが先のウッドの手紙からカットした部分とは、その女性がアボットと同棲していた現場をメアリが見つけた時の騒動のことであると思われる。こうした性的関係について堕落を云々するなら、奴隷女性にではなく、白人男性の道徳を問題にすべきだということは、フィリップスの指摘を待つまでもない。一八〇一年から一八〇五年まで総督夫人としてジャマイカに暮らしたマライア・ヌジェント（Maria Nugent, 1771–

1834)）は、「あらゆる階級の白人男性は未婚既婚にかかわらず、女性奴隷と放縦な暮らしをしている」（Nugent 87）と日記に記している。

批評家ブリアトン（Bridget Brereton）は、「メアリ・プリンスの物語では性的虐待が隠れたサブテクストである」と指摘し、「現代の編集者［ファーガソン］が説明するように、福音主義的奴隷解放文学の慣例によって、女性奴隷は、しばしば野蛮な白人男性の犠牲者ではあるが、主体的な性生活のない、『清らかな』存在として表れるように規定された。極度の寡黙がその件に関するプリンスの扱いの特徴となっている」（Brereton 74）と、そのような沈黙を課した制約の存在を明らかにしている。現代の女性批評家たちは、メアリを性的搾取の犠牲者として見るにとどまらず、ブリアトンはさらに「自己の性生活に責任をもった自立した人物」（Brereton 74）としてメアリを捉え、メアリの男性関係もその主体性獲得への歩みの中に位置づけている。アメリカのハリエット・ジェイコブズ（Harriet Jacobs, 1813–1897）が、奴隷として限られた可能性の中から、白人独身男性であったソーヤー（Samuel Tredwell Sawyer）の子を産むことを選ぶことによって、主人のもとを逃げる道を見出していったことが思い起こされる。メアリは清廉潔白な犠牲者として、奴隷制に反対する当時の人びとの心を動かしたと思われるが、現代の読者にとっては、そのしたたかさが魅力的である。

七. カリブが育んだ女性としてのメアリ

(一) 労働者としての自活の能力とキリスト教徒としての道徳観の習得

メアリは、奴隷であったが、着々と自立のための力を積み上げていた。二度目の主人の家やDの家では、家事全般、家畜の扱い、農作物の作り方を習得したし、洗濯によってDのもとへ現金をもっていくこともできるようになった。ウッドを新しい主人として求めたのは、おそらくウッド夫妻がアンティーグアへ行くと聞いたからである。アンティーグアのウッド夫妻のもとで、夫妻が時折家をメアリに預けて不在の時に、空いた時間をメアリは船長相手にコーヒーや豚などの売買をして、金を貯めることができた。カリブでは経済効率のため、奴隷たちに畑を与え、自分たちの食料を作らせており、日曜日には奴隷たちが市場で売買をすることも許されていた。こうした奴隷たちによる日曜日の市場は、生活の一つの中心であった。一八世紀のアンティーグアのセント・ジョンでも何百人もの黒人や混血の人びとが、早朝野菜、くだもの、家禽類、豚などを売りに集まり、その後周辺でダンスなどが行われていた (Mullin 155–156)。カリブの奴隷文化の中でメアリという自立した女性が育まれたといえる。

メアリはアンティーグアで、ウッド夫妻の承諾を得ずにモラヴィア教会に通った。批評家マディソン・マクファディン (Madison-MacFadyen) は、「プリンスがアンティーグアで過ごした一三年はまた、彼女がモラヴィア教会を知り、メンバーとしてその後活動していく年月でもあった。プリンスの自伝のアンティーグア回想の半分は、教会に基づいた体験に捧げられている」（Madison-MacFadyen 658）と指摘している。読み書きを学んだという実利だけでなく、アンティーグアでメアリはキリスト教徒としてイギリス社会に通用する倫理や常識を身につけようとしていたと思われる。近代ヨーロッパの識字率の研究によると、一九世紀の半ばで男性六五％、女性五〇％強に留まっていたそうで（Boos, 251）[3]、植民地の奴隷にまで教育の機会が開かれていた背景として、文明国イギリスの当時の豊かさを窺うことができる。

一八八四年に解放令が施行された時、六歳以上は、最大六年まで、四分の三は主人のために労働する（Walvin 165）という徒弟制が採用されたが、バミューダとアンティーグアだけは即時解放となった。またアンティーグアだけが自由黒人にも投票権を与えていた島であったという。メアリのアンティーグア行きの選択には理由があったと思われる。

（二）抑圧的な奴隷制度の下で育まれた抵抗の姿勢と戦略的行動

メアリは、夫妻に同行して自由の地イギリスへ渡ることができたが、「イギリスで彼女は…わざと耐えがたいような振る舞いをして、ウッド氏から放免されたのだ」（Packwood 63）と、家から追い出されることを意図的な戦略と捉える批評家もいる。ファーガソンも、メアリはウッド夫妻に対して「サボタージュを通して静かな復讐を行っている」（Ferguson 18）と、「勤勉」「敬虔」という当時のイギリスの価値体系に真っ向から対立するメアリ像を見出し、「プリングル一家はメアリ・プリンスを犠牲者として作り上げ意識的にせよ無意識的にせよ、隠れた抵抗という彼女の政治学が見えなかったのだ」（Ferguson 18）と解説している。

プリングルはメアリの人格を擁護する時に、「彼女のおもな欠点は、我われが見つけた限りでは、幾分激しく性急なところと、かなり生まれながらの誇りと自尊心をもっているところである」（Prince 115）と付け加えている。メアリの「誇り」と「自尊心」が過度であるといった感想はたいへん興味深い。メアリは奴隷という身分の下に置かれながら、あるいはそのように貶められたからこそ、そうした資質を育んだと考えられるからである。プリングル等は自分たちが助けている奴隷たちに対して、従順さや謙虚さを当然のように予想しており、被抑圧者が不正に対して抱く怒りの強さも理解できなかったのだと思われる。メアリの気質は「生まれながら」というよりも、環境から、と捉えられる。

メアリは「自由の身になって、夫のもとへ帰りたい」（Prince 93）と切に希望していた。先に触れたフォーサイス夫人の紹介状では、メアリは「メアリ・ジェームズ」（Prince 114）と呼ばれている。メアリはロンドンで働く時に、その名前を使っていたと思われる。奴隷に正式な結婚は不可能であり、『自伝』にも「メアリ・プリンスの歴史」という父の姓が使われている。だが、ジェームズという姓の使用から、改めてアンティーグアでの夫婦生活がメアリの人生の根底にあったことが、推察される。奴隷解放を促す目的である『自伝』では、ウッド家での処遇を中心に奴隷として受けた非道な仕打ちが語られるが、メアリにとってカリブは忌まわしい奴隷制にもかかわらず、思い出に満ちた故郷であり、夫や奴隷仲間たちとともに心を通わせて生きてきた場所であったのだと思われる。パケットも指摘しているように、奴隷所有者である「外国人」(Paquet 132) とは対照的に、奴隷であったメアリこそが真にカリブを故郷とするカリブ人であったといえる。

奴隷として子どもの頃から自分の身は自分で守らなければならないことを知り、自立心を育み、自己主張することを恐れなくなったメアリは、自らの選択と行動によって、肉体労働から家事労働へ、暴力的な主人から中産階級的な主人へと境遇を変えていき、努力と知恵によってキリスト教文明に適応し、自由獲得の入り口までたどり着いた。本書からは、メアリの語りを通してカリブの不遇な奴隷たちの悲惨な人生が垣間見られ、またそこで奴隷たちの育んできたたくましさ、自立心、行動力、カリブへの愛情の一端も窺うことができる。

注

注1　ただし、自伝として、また労働者階級の文学として論じられることもある。

注2　マディソン・マクファディンは奴隷登録の記録から、ロバート・ダレルと息子のリチャードであると特定している (Maddison-MacFadyen 656)。

注3　識字率に関して、ヴィンセント (Vincent 9–10) を参照している。

第三章

クリミア戦争で医療に貢献した

メアリ・シーコウル（ジャマイカ出身）

——医師／看護師／料理人／母親／企業家という西洋的な枠組みに収まらない混血女性——

メアリ・ジェイン・シーコウル（Mary Jane Grant Seacole, 1805–1881）はジャマイカのキングストンに生まれた。母親は混血の自由黒人であり、父親はスコットランド人陸軍将校であった。軍隊の資料から、伝記作者ロビンソンはジェームズ・グラントであると個人名を特定している（Robinson 10–11）。一〇歳下の妹ルイーザ（Louisa）と、その間に弟エドワードがいた。母親はおそらくジェーンという名前で、イギリス陸軍の将校やその夫人たちを相手に宿屋［Blundell Hall］を経営していた。薬草の知識をもち、病人の治療をしたり、世話をする仕事に忙しく働いていた母を、メアリは小さい頃から身近に見て尊敬し、母の仕事に憧れ、自分の人形で真似をしていた。そうした生い立ちから、クリミア戦争でナイチンゲール（Florence Nightingale, 1820–1910）に劣らない医療における貢献を果たして名声を馳せる、「カリスマ」的「ヒロイン」が生まれたのである。この表現はロビンソンによる綿密な伝記の副題から借りたものであるが、ロビンソンによれば、メアリはこれまでその評価に用いられてきた「ラベルのどれも定義として当てはまらない」ような、特異な人物である。

メアリは自分だけを頼みにして決断をし、人生を作り上げ、ジャマイカのキングストンの不利極まりない通りから、大英帝国のもっとも優れた家庭や心の中へ入りこむという不思議な冒険旅行へ向かった、本当に風変わりな人物である。（Robinson xii）

小さな植民地から世界の中心である大帝国の舞台に現れて活躍した非白人の女性として、シーコウルは人種・ジェンダー・階級に関する常識を覆す人物である。だが、小さな島で生計を立てることがむずかしく、外へ出稼ぎに行くことが当たり前で、また、女性も男性と同等に労働力とみなされた奴隷制を伴うカリブ社会においては、自立し、行動力のある女性は少しも例外ではない。前章で見たメアリ・プリンス（ジェームズ）も同様であった。本章では西洋的なラベルによる枠組みに当てはまらないところに、カリブ人らしさが見出され、カリブ人であったからこそシーコウルの大活躍が可能であったことを、その自伝を手掛かりにして明らかにしていきたい。

一．シーコウルの『自伝』が出版される経緯について

クリミア戦争（1853–1856）は五月に終わり、七月にはイギリス軍はクリミアから撤退した。八月二五日にはクリミアに出兵した一般兵士を称える大規模の公開晩餐会がロンドンのロイヤルサリーガーデンで開かれ、二百を越える軍隊が参加し、軍隊関係者以外も二万人をくだらない人びとが集まったという。その中にシーコウルの姿もあった。中央にはナイチンゲールの名前が掲げられていたが、出席はしていなかった。シーコウルは非招待客の席にいて「楽しい光景を見下ろしながら、喜びで顔を輝かせ、上機嫌」（Robinson 156）[1]であった。同年八月二六日の『タイムズ』紙の記事には、兵士たちの歓迎振りが、以下のように書かれている。

有名な訪問者の中に、シーコウル夫人がいたことをいい忘れてはならない。彼女の登場はもっとも大きな熱狂を引きおこした。兵士たちは彼女に喝采を送っただけでなく、庭中を担ぎまわるようにし、並外れて背の高い二人の伍長が、勇敢にも人ごみの圧力から彼女を守る任務を引き受けなかったとしたら、彼女の崇拝者たちによる注目に圧迫されて、本当に苦痛を蒙る羽目に陥ったかもしれない。しかし、その卓越したご婦人は少しも警戒するようには見えず、反対に、とても優雅に笑みを浮かべ、大変満足した様子であった。(qtd in Alexander 29)

この一般兵卒たちとの交流の記事は、シーコウルの奉仕が、一部から非難されるように、経済的に利益となる貴族将校などの上流階級だけに向けられていたのではなかったことを示していると思われる。

その後、シーコウル・アンド・デイ商会〔後述〕の経営者である二人〔シーコウルとデイ〕の破産宣告の記事が、同年一〇月二八日の『ロンドン・ガゼット』紙に載った。その二週間後に最初の支援の手紙が『タイムズ』紙に現れて、「フローレンス・ナイチンゲールの善行は祝福と不滅の名誉とともに後の世代にまで称えられようとしているのに」(Robinson 161)、シーコウル夫人の奉仕は忘れているのかと、寄付が呼びかけられた。それ以降、王室を含む将校たちを中心に基金集めの運動が始まり、その一環として本章のテクストである本の出版が計画されたのである。その後九ヵ月間、本の出版に至るまで、シーコウルに関する記事が途絶えることはなかったとロビンソンは述べている（Robinson 160）。こうした支援のおかげで、早くも翌年一月三〇日には二人は破産から正式に立ち直り、同年七月初めには本が出版された。その後七月二七日から四日間、さらに寄付を集めるために、「シーコウル夫人の功績を称えるグランド・ミリタリー・フェスティバル」がロイヤルサリーガーデンで開かれ、軍楽隊のほかに著名なオーケストラや合唱隊が雇われ、千人の演奏家が登場し、数千人が参加した。

冒険談、旅行記という体裁を備えた自伝、『シーコウル夫人の冒険旅行』（*Wonderful Adventures of Mrs. Seacole in Many Lands*, 1857）（以後『自伝』と表記）は、当時多数出版されたクリミア戦争の回想録の一つであり、大手のジェイムズ・ブラックウッド社より出版された。初版は八ヵ月で売り切れ、翌年三月には再版されている（Robinson 174）。本書はW・J・S（Stewart）の編集によるもので、クリミア戦争の『タイムズ』紙従軍記者ラッセル卿（W.H. Russell）が序論を書き、募金集めの中心となって尽力してくれたロウクビー少将（Lord Rokeby）に捧げられている。このように、一九世紀カリブの混血女性による稀有な著作は、有力なイギリス支配階級の人びとの尽力によって可能となったのであり、出版の目的は、著者がクリミア戦争でイギリス社会へ貢献したことを多くのイギリスの読者に理解し、正当に評価し、記憶してもらおうというものである。これらの事情が、当然ながら、本書の制約となっており、本書にはイギリス人への非難は見当たらない。礼儀正しいイギリス人と比べられてもっとも非難されているのは、中央アメリカでおもな客だったアメリカ人である。ジャマイカでの自分の生活についても、読者にご関心はないでしょうと流され、あまり語られていない。その結果、シーコウルはカリブ人として評価されず、植民地人でありながら、イギリス人としての誇りを示し、イギリス兵士たちを「息子」と慈しむ、代理イギリス人、代理母というレッテルを貼られることも多いのである。

二．シーコウルの生い立ちとジャマイカの奴隷制廃止

（一）奴隷制廃止直前のジャマイカ

シーコウルは二八歳の頃、奴隷制廃止を経験しているが、この大きな社会変化について『自伝』には何も言及されていない。イギリスは一八〇七年に諸国に先駆けて奴隷貿易を廃止したが、イギリス領西インド諸島での奴隷制廃止の決定は一八三三年となった。廃止に至る直前一八三一年一二月、イギリス領植民地で過去最大の奴隷反乱がジャマイカで起こった。「クリスマス反乱」とか「バプティスト戦争」と呼ばれるこの蜂起には、「七五〇平方マイルの地域の六万人の奴隷が関わり、五四〇人の奴隷（と一四人の白人）が死んで」（Craton 291）、百万ポンドを越える財産が破壊された。死者のうち三四四人は裁判で有罪となり処刑された。その後、一八四〇年代になると首謀者であった奴隷のサミュエル・シャープ（Samuel Sharpe, 1801?–1832）は英雄とされ、その遺体は彼の属する教会堂に移されて埋葬されている（Craton 315, 319）。

歴史学者クラトン（Michael Craton）によると、一八三一年当時ジャマイカでは、「自由はすでにやっ

てきたのに留めおかれている、解放は戦わなければ決して得られない、帝国の兵士や船員は奴隷に対しては戦わない、むしろ奴隷が自由を獲得する手助けをし、農園主から守るために派遣されてきたのだ、自由は国王からの書類として、(一八三一年五月にモンテゴベイの礼拝堂からイギリスへ去った)バプティスト宣教師バーチェル(Thomas Burchell)の手によって、彼がクリスマス頃ジャマイカへ帰ってくる時にもたらされる」といったような、「多くの異なる矛盾した噂」が広まっていたという(Craton 295)。シャープはバーチェル牧師の教会執事であったので、反乱の後にバプティスト、ウェスレー系メソジスト、モラヴィアなどの教会堂が白人たちに焼き払われ、宣教師たちは危険を感じてジャマイカから逃げ出していた。

この奴隷たちの噂が示しているように、本国で奴隷制廃止運動が高まっていた時期には、奴隷たちの自由を阻止する敵は農園主であり、イギリス国王をはじめジャマイカに駐在するイギリス兵、イギリス人船員、非国教会の宣教師たちは、奴隷制廃止を推し進める、奴隷たちの味方と考えられていた。シーコウルは宿屋経営を生業とする家に生まれたのであり、父親や夫も含め、ジャマイカ在住のイギリス軍をおもな顧客としていた。四分の一黒人の血をひくクレオールであるメアリに求婚したシーコウル（Edwin Horatio Hamilton Seacole）をはじめ、彼女の周囲のイギリス人は地元ジャマイカの支配層とは対照的に、リベラルな思想の持ち主であったといえるかもしれない。実際、母親は当時それが普通だったというが、正式に結婚はしていないが、メアリは解放後の一八三六年一一月一〇日にキングストンで結婚している（Seacole 59n2)。

解放当時のジャマイカの人口は、およそ奴隷が三〇万人以上（Craton 296）、白人一万五〇〇〇人、自由黒人四万五〇〇〇人（Blackburn 425）と見積もられる。自由黒人であったシーコウルは、奴隷解放をどのように受け止め、どのような影響を受けたのだろうか。自由黒人の中にも貧しい農民で、「クリスマス反乱」に関わり、処刑された人物もいたという。他方で、裕福な自由黒人の中には農園主で、奴隷を所有していた者もいた。また、本の販売業をしていた自由黒人ジョーダン（Edward Jordan）は、イギリスの奴隷制廃止運動の文書を載せ、農園主階級の腐敗を暴く『ウォッチマン』の発行を一八三〇年七月に始めた（Blackburn 426）。『自伝』に言及はないが、シーコウルはそうした社会の変動の中にいた。

（二）シーコウルの人種に関する発言

シーコウルが人種や奴隷制に触れている箇所を『自伝』から取り上げてみたい。一五歳頃にシーコウルは初めてロンドンを訪れ、一年間滞在した。その初体験で、「不思議なことだが、一番鮮やかに記憶に残っていることのいくつかは、ロンドンの街の少年たちが私と私の連れの顔色をからかおうと努力したことである」（Seacole 58）と述べ、自分は「ほんの少し茶色である」が、同伴者は「とても黒かった」と説明している。一八二〇年頃の出来事であるが、肌の色を意識させる人種体験は、シーコウルにおいても強い痕跡を残していることが窺われる。

次は、弟のエドワードが前年に出かけ、ホテル経営をしているパナマ［当時ニューグラナダ］へ向かった、一八五一年夏の旅の途中で、アメリカ人と関わった体験である。

私の肌の色の茶色は多少深みを帯びていて、あなた方がかつて奴隷にしていた、そしてアメリカがまだその身体を所有している、あの気の毒な人びとと私が関係していることを——私はその関係を誇りに思っているのですが——示しています。そしてこの絆があるので、そして奴隷制が何であるか知っているので、私の目で見て、私の耳で聞いていることは、その恐怖の十分強い証拠であるので——疑いたい人がいるならかまわないですが——多くのアメリカ人が私に対して優越の素振りを振りかざそうと努力することに私が幾分我慢ならないとしても、驚くべきことでしょうか。（Seacole 67）

シーコウルが直接「あなた方」として語りかけているのは、読者として想定されているイギリス人である。イギリスはこの時すでに奴隷制を廃止していたが、アメリカはまだ南北戦争以前であり、南部には奴隷制があった。ここで、シーコウルはアメリカ人の差別的な優越の素振りに腹が立つと述べ、イギリス人にそれが驚くべきことかと問いかけ、共感を求めている。また、自分を奴隷制の恐怖の目撃者であると述べ、ジャマイカの過去に触れ、アフリカの血を誇りにしていると明確に語っている。ここには大英帝国の代理人としての姿ではなく、過酷な奴隷制を強いられたアフリカ系カリブ人としてのシーコウルの自己認識が窺われる。

もう一ヵ所、一八五二年、パナマのクルセスにあった弟エドワードの経営するホテルで、アメリカ独立記念日が祝われた時、一人のアメリカ人がコレラ流行の際の貢献に対して「シーコウル［おば］さん」[2]に感謝をこめて乾杯を捧げた時のエピソードがある。「皆さんがた、私と同じように皆さんも彼女が完全に白人でないことに戸惑いを覚えておられることと思う。だが彼女がまったくの黒人であることからは、相当色合いが離れていることに、私同様喜んでおられると思う。思うに、もしなんらかの方法でシーコウルさんの色を白くすることができるなら、彼女にふさわしいどのような交友の輪の中にも彼女が受け入れられるように、私たちはそう試みるだろう」(Seacole 97–98)。こう述べて、この男が大喝采の中で腰を下ろした時、シーコウルは次のような返答をした。

でも私は、私の顔色に関しては、あなたがたのお友だちの親切な願いをありがたいと思っていないと言わなければなりません。どのような黒人に劣らず黒かったとしても、私は同じように幸せであり、役に立ったことでしょうし、私がその尊敬を得ることを光栄に思うような人びとからは尊敬を受けたことでしょう。私を白くしたいというお友だちのお申し出については、私は、たとえ実行できたとしても、まったくありがたく思わずにお断りしたことでしょう。それによって私が許可されるというお付き合いに関しては、あちこちで出会った例から判断すると、そこから除け者にされても、あまり失うものはないと思う、ということだけは言えます。ですから、皆さま、あなたがたに、そしてアメリカ人のマナーの一般的な向上に対して、乾杯

いたします。(Seacole 98)

相手は客であり、好意でいってくれた発言であるのだが、その人種偏見に反論せずにいられない、シーコウルの黒人としての誇りが窺われる。現地のニューグラナダ共和国［現在のコロンビアとパナマ］は奴隷制を認めていなかった。アメリカから奴隷として連れてこられた人も、「その地を踏めば自由となるということは、イギリス憲法の場合と同じだと思うが、ニューグラナダ憲法の原則の一つである」(Seacole 101) とシーコウルは説明している。ただし、アメリカとの摩擦を避けるために、実際には適用されなかったというが、例外として、アメリカの婦人があまりにも奴隷の女性を虐待するので、黒人の治安判事が自由を宣告し、人びとの喝采を得たことがあったと語られている。アメリカの奴隷がカナダへ逃げるルートは「地下鉄道」として有名であるが、南へ逃亡した奴隷も多かったようで、その能力のために彼らは中央アメリカで要職に就いていたとシーコウルは述べている。そうした地域では、アメリカ白人の人種偏見は際立っていたのである。シーコウルは奴隷制を維持するアメリカを公然と非難する一方、その時奴隷制を非人道的悪として廃止したイギリス人読者を自分の味方とみなしている。

先の乾杯の発言から、シーコウルの堂々とした自己主張、負けん気の強さ、口達者な様子が窺えるが、この発言をした後のシーコウルの感想は、さらに周囲の人びととのシーコウル観を知る手掛りを与えてくれる。「アメリカ人たちが私のスピーチにすっかり感服したとは思いませんが、私は幾分特権をもった人物であったので、彼らは愛想よく、笑っていました。たぶん（というのは私自身たいへんに上機嫌であったとはいえないので）腹を立ててくれたほうが、もっと嬉しかったことでしょう」(Seacole 98)。彼らは辛辣な反駁に対して、なぜ腹を立てなかったのだろうか。シーコウルは、パナマで店を利用するアメリカ南部出身の女性たちに不愉快な思いをさせられていたが、彼女たちが病気になり、苦しんで自分のもとへやってくると、「私は、彼女が私の姉妹であり、彼女を助けることが私の義務であるということ以外は、すべて忘れました」(Seacole 100) と述べている。医者としてのシーコウルは、社会的、経済的、感情的側面を超越して、患者に向かったのであり、そうした姿勢は当然治療を受けた患者の側にも伝わったと思われる。シーコウルが上の引用で述べている「特権をもった」という意味は、命の恩人として十分な尊敬を得ていたからと推測できる。もう一つの理由は、シーコウルは医者であるだけでなく、ホテルと店の経営者であり、人びとにとって、自分たちが居心地よく過ごせるよう気を配ってくれる、サービスの提供者、面倒見のよいおばさんでもあったために、逆に、対等に敵意をもたれなかったためとも考えられる。「腹を立ててくれたほうが、もっと嬉しかった」という不満には、いかなる庇護者的な歩み寄りも嫌う強い自尊の意識が窺われる。

これらの発言を参考にしながら、シーコウルが『自伝』の冒頭で、クレオールの血より父方のスコットランド人の血筋を自分の中軸と見ていると受け取られる部分を、考察してみたい。

私はクレオールで、私の血管には優れたスコットランド人の血がめぐっています。…多くの人びとはまた、クレオール人種には必ずしも見られないあの活力と行動を、あれほど多様な場面へと私を運んでいった要素を、私のスコットランドの血へと辿っていましたが、たぶん正しいのでしょう。私は、私の国の人びとに対して「怠け者のクレオール」という表現が用いられるのをよく耳にしますが、怠けるということがどういうことか私は知らない、ということは確かです。(Seacole 55–56)

自分の特徴は「活力と行動」なので、「怠け者のクレオール」という定義に当てはまらない、それ故に、自分らしさは「優れたスコットランド人の血」に由来する、と白人の血筋のみを誇っているかのように受け取られる自己紹介である。しかし、注意して読むと、そうした解釈は外から押し付けられたものであり、「多くの人びと」の考えであり、「用いられるのをよく耳にする」だけで、外部の評価にすぎないと書かれている。「たぶん正しい」というのは譲歩しているにすぎず、「確か」であると認めているのは、自分が怠け者ではないという事実のみである。こうした書き方から、アメリカ人に対しては一切妥協しなかった人種的偏見を、イギリス人読者層には敢えて逆らうことなく、一般的ステレオタイプとしてそのまま受け流している姿勢が感じられる。

三．クリミア以前のおもな体験

（一）商売と宿屋経営

一八二三年頃、一八歳のシーコウルは再びロンドンに行き、今度は二年間滞在して、帰国後には、バハマ諸島の一つであるニュープロヴィデンス、ハイチ、キューバへ出かけている。詳しいことは語られていないが、二度目にロンドンへ出かけた時は「大量の西インドのジャム類や漬物を売るために持っていった」(Seacole 58) という。その後の旅も、多くは「お金を儲ける目的」(Seacole 59) であり、ニュープロヴィデンスでは美しい貝や貝細工をたくさん持ち帰り、キングストンで大評判になって、すぐ売り切れたそうである。結婚後にはキングストンを離れ、夫の親戚のいるブラックリバーで店を開いた。

一八五一年夏には現在のパナマに出かけた。一八四八年、カリフォルニアに金が発見されて、翌年には世界中から人びとが集まり、彼らは「フォーティ・ナイナーズ」と呼ばれ、町ができ、酒場などが繁盛した。カリフォルニアへはアメリカ東部から大陸を横断するより、パナマを経由して海路を使う方が便利で、一八五〇年には弟エドワードがそうしたアメリカ人を目当てに現在のパナマにある町、クルセスにインディペンダンス・ホテルを開いた。翌年、二人の使用人の女性たちを連れて、シーコウルもパナマへ出発し、弟の向かいにブリティッシュ・ホテルを建て、床屋を雇うなど工夫をして経営を始めた。アメリカ人の荒くれ者たちが集まり、賭博が盛んで暴力沙汰が絶えず、「じきに私はナイフや銃弾の傷の治療にかなり経験を積むようになった」（Seacole 92）とシーコウルは述べている。その後クルセスを引き払うが、弟が帰ろうとしないので近くのゴルゴナで、またホテル経営を始めた。そこでは洪水や大火に襲われ、早々に引き払う決意を固める。この時、帰国のために乗船したアメリカ船で黒人は乗せないといわれてトラブルになった。結局、夜中にその船を降りることになり、別のイギリス船を待って帰国したが、二人の婦人に暴言を吐かれただけでなく、「読者にショックを与えてしまうが、事実をいえば、［シーコウルの使用人の少女］メアリの驚いた黄色の顔に、子どもの一人が紛れもなく唾を吐いたのです」（Seacole 106）とシーコウルはイギリス人読者にその非道さを訴えている。

（二）医療と宿屋経営

一八四三年八月二六日のキングストンの大火で、シーコウルは実家の宿屋を焼失した。最後まで守ろうとしたので、自分が焼け死にそうであったと述べている。その後、以前より大規模に立て直すことができたのだが、「その理由は私の看護と医療の技術が評判となっていて、いつもニューカースル［キングストンを見下ろす丘の上で軍の宿泊施設があり、一八四一年に医療施設もできた］や近くのアップパーク・キャンプ［主要駐屯地で医療本部がある］の病弱な将校やその奥様たちで満員だったから」（Seacole 61）であると説明されている。医者たちもよく訪れたため、シーコウルが彼らから知識を学ぶ機会ともなったという。

火事の後、夫の健康状態が悪化し、店を引き払って夫のために母の宿屋に帰っていたが、まもなく一八四四年一〇月に夫が亡くなっている。その悲しみはとても大きかったと語られている。その後母も亡くなり、シーコウルを中心に弟妹三人で宿屋を切り盛りした。

(三) コレラと黄熱病の治療

一八五〇年、コレラがジャマイカで猛威を振るい、三万二〇〇〇人もの死者を出した。この時、シーコウルは宿屋に滞在していた医者B氏から、その後役立つ治療のヒントを学んだという。翌年赴いたパナマでもコレラが流行しており、シーコウルが対応に尽力した。パナマ市からクルセスにスペイン人医師が派遣されたが、コレラの経験がないため、結局シーコウルが唯一の頼りとされた。逃げ出したくなるような惨状を経験し、この時、シーコウルはコレラについてよく知るために、思い切って死んだ赤ん坊の解剖を行った。そうしているうちに、自分もコレラに罹ったが、幸い軽い症状で乗り切ることができたという。

治療法は、通気性をよくするなど衛生状態に気を配り、感染しないよう隔離し、「もっとも簡単な治療がおそらくもっともよいもの」であり、「芥子の膏薬、吐薬、甘汞《かんこう》［塩化第一水銀］、血管がもっとも表面に出ているところに外から水銀を当てる、というのが、私の通常の薬剤使用」(Seacole 82)であったとシーコウルは述べている。喉が渇いたといえば、シナモンを煎じた湯を与え、ひどい発作には「一パイントの水に一〇粒の酢酸鉛を混ぜたものを、一五分おきにスプーン一杯」(Seacole 83)ずつ与え、ある時は「暖めた油、樟脳、ワイン」を身体に擦り込み、必ず気をつけたことは、芥子の湿布を胃、背骨、首に当て、とくに心臓の辺りは暖かく保つことであり、また病後のケアも気を抜けなかったという。結論は昔から変わらないもので、万人に同じ治療法が役立つことはないとシーコウルは語っている。

一八五三年にキングストンに帰ると、今度は黄熱病が大流行していた。この時初めて軍から正式な依頼を受けて、宿屋を離れ、アップパーク・キャンプで治療に専念した。シーコウルは多くの辛い死を体験したと述べ、キャンプへ行く前に看護した特別な一人の死について、次のように語っている。

私はほんの短い数週間のうちに私が愛するようになった一人の死を記憶しています。そのことを考えると今も心が乱されますが、大きな危機の折々には私の支えとなっています。というのは、その時までは私は、たとえ死を恐れたことは一度もなかったといえ、勇敢な笑顔で死を迎えることは学んでいなかったのですが、それをその人が教えてくれたからです。…彼は若い外科医で、誰にも劣らず忙しく、明るく、快活でした。彼が病気になった時に、私の家に運び込まれてきて、私は彼を看護し、彼が好きになりました。遠くイギリスにいる彼の気の毒なお母様に劣らないくらいに。しばらくは大丈夫だと思っていたのですが、とうとう残酷な病気のもっとも恐ろしい症状が現れてきて、彼は自分が死ななければならないことを悟りました。彼が考えたのは自分のことではなく、あとに残さなければならない人びとのことで、彼の哀れみはすべてそれらの人たちに向けられました。…彼も私を好いてくれたと思いますが、たぶん私が喜ぶ様子を見て彼の優しい心が感情を装っていたのでしょう。というのも私は彼に「私の息子、私の大事な子」といつも呼びかけて、とても弱々しく、おそらく愚かしく彼のことを嘆いて泣いていましたから。(Seacole 109–110)

この患者への姿勢は、シーコウル特有である。この時シーコウルは四八歳であり、イギリス兵士たちに「マザー・シーコウル」と呼ばれていた理由がわかる。ここで、帝国の代理母を気取るシーコウルを批判的に見ることは可能である。だが、まったく逆に、本来は下位に従属する植民地被支配者が帝国の息子を乗っ取り、専有する行為と捉えることもできるのではないだろうか。この青年の母親から、シーコウルはのちに感謝とともに青年の髪の毛の入った金のブローチを贈られたが、実の母親以上に、シーコウルは死に際してのこの若者の勇気や他者への思いやりの深さを理解し、そこから学んでいると思われる。シーコウルは多くの人から尊敬だけでなく愛情をたくさん受け取った。シーコウルの人生がお金や名誉だけでなく、豊かさで際立つのはこのように愛情を注ぎ、また愛されるという人との関わりのためであると思われる。また、シーコウルは母親としてとどまっている人でもなく、自認しているように、冒険家でもあった。この頃クリミアで戦争が始まり、馴染みの部隊がジャマイカから派遣されることを聞いて、行ってみたい気持ちが募ったというが、冒険心なしには生まれない発想である。

（四）パナマ再訪とエスクリバノスでの金鉱探し

ジャマイカに帰って八ヵ月後に、パナマのホテルの後始末をする必要ができ、シーコウルは自ら出かけた。ゴルゴダで用を済ませてから、弟と一緒に二〇マイルほど先のパナマ市まで出かけたが、ラバに乗っての旅は、「着いたのが不思議」（Seacole 112）なほど困難を極めたという。帰路、ネイビーベイ［現地名は当時コロン］まで来て、シーコウルはまた店を開いた。そこは「よそ者［アメリカ人］と土地の人［スペイン人］の間で諍いが絶えず、流血に至ることが多く、町の平和を乱して」（Seacole 112）おり、以前より無法状態になっていたという。そこで夫の遠い親戚に当たるデイ氏（Mr. Day）と出会い、誘われて、シーコウルは七〇マイル離れた金鉱会社の駐屯地のあるエスクリバノスへ船で行き、数ヵ月過ごした。一帯の先住民の村では、昔、金が採られたが、当時は採算が取れない状態であったエスクリバノスは、全員炭鉱労働者の人口二百人ほどの町で、元アメリカの逃亡奴隷だった黒人が治安判事で、その下で監督を務めていたのが、デイであった。のちにこのデイと組んでクリミアへ行くことになる。その後、金鉱での権利に関する手続きのため、ジャマイカではなくイギリスへ向かったが、その旅の間に、金鉱より戦地クリミアへ行きたいという希望が強くなったとシーコウルは述べている。

四．クリミア戦争

（一）出発に至るまで

一八五三年一〇月五日にオスマントルコがロシアに宣戦してクリミア戦争が始まり、翌年三月二八日にはイギリスとフランスが参戦した。この戦争では二万一〇〇〇人のイギリス兵士、九万五〇〇〇人のフランス兵士、九万五〇〇〇人のオスマン・トルコ兵士、一四万人のロシア兵士が亡くなることになる。そのほとんどが、戦闘からというより病気と欠乏が原因であった（Roberts 35）。シーコウルは、一八五四年の一〇月半ばにロンドンに着き、クリミアで多いコレラ、下痢、赤痢など熱帯地方に流行る病気にはパナマでの体験が役立つと確信し、クリミアへ行く手立てを探した。西グラナダ金鉱会社の診療所員による推薦書をもって、陸軍省へ通い、軍事長官シドニー・ハーバートとの面会を求めたが、かなわず、その私邸のほか、補給局長や軍医の部署も訪れたが対応してもらえなかった。

その間に、シドニー・ハーバートが急遽看護師の組織化を依頼していたナイチンゲールは、一週間ほどの間に準備を整え、一〇月二一日にはすでに三七人のシスターや看護師とともにイギリスを出発してしまった。シーコウルは後続隊となる看護師の一員として志願することを決意するが、ハーバート夫人からもう空きはないと連絡を受け、またその後ナイチンゲールの同僚の一人「おそらくメアリ・スタンレー」と面接をするが、やはりすでに一杯だと断られた。[3] 最後の手段として、旅費だけでも出してもらえないかとクリミア財団の責任者にもあたったが、無駄であった。冬も近づいて寒い黄昏の街角で、この時初めて、そしてこの時が最後であったというが、シーコウルは疑惑が湧き起こってきたと述べている。

皮膚の色に対するアメリカの偏見がここにも根を下ろしているのだろうか。…急速にまばらになっていく通りに佇む愚かな私の頬に涙が伝わった。私の動機を疑う人がいるということ、天が私の望んだ機会を与えてくれないことへの悲しみの涙であった。(Seacole 126)

だが、翌朝にはシーコウルは元気を取り戻し、自力でクリミアへ行くことを決意した。現地まで行けば、ジャマイカで自分の世話を受けた兵士たち、シーコウルの技術と献身を知っている医者たち、これまでも助けになってくれた将軍が歓迎してくれることを確信できたからである。看護師として受け入れられなければ、体の弱い人のためのホテルを開けばいいと考えた。そして、やはりクリミア行きを目的として、ネイビーベイからロンドンへ渡ってきたデイと再会し、シーコウル・アンド・デイ商会の結成が決まったのである。

(二) クリミアでのホテル建設

医療品を買い揃えるのには、医者の友人が投資してくれ、一月二七日、コンスタンチノープル行きの船で出発した。すると、この船の船荷監督が、先に引用したエピソードの、あの亡くなった健気な外科医の兄に当たる人だったそうで、心からシーコウルを歓迎してくれ、また、励ましてくれた。途中停泊地のジブラルタルやマルタでは、ジャマイカで知り合いの将校や軍医に会って、その一人がナイチンゲールに紹介状を書いてくれた。コンスタンチノープルでは、トルコ人、ギリシャ人、イギリス人、フランス人などがシーコウルのようなクレオールの女性が一人で旅しているのを見て、驚いていたと述べ、「赤か黄色のドレスで、また別の色の飾り気のないショール、真っ赤な飾りリボンのついた幅広の素朴な麦わら帽子」(Seacole 132) という当時の自分の服装を説明している。郵便局で先にバラクラヴァへ到着しているデイから、じつにひどい所であり、来ないほうがいいといった内容の手紙を受け取るが、託された買い物をして、ナイチンゲールの病院のあるスクタリへ船で向かった。

三月にシーコウルはクリミアに到着した。兵士たちが静かに横たわっているスクタリ病院の長い病棟を見た時は、どっと涙が出てきたとシーコウルは語っている。「四マイルの病棟に平均二三四九人の患者が収容」されており、シーコウルの「到着の前の二ヵ月間でこの病院で二三一五人が亡くなっていた」(Seacole 101) という。また、ここにもマザー・シーコウルとの再会を喜ぶ数名の兵士がいた。夜も更けてきた時、紹介状を見せてここに泊めてもらうように忠言されて、シーコウルは紹介状を出したが、病院に看護師の空きはないといわれて、自分もそのつもりのないことを告げ、三〇分後にナイチンゲールと会うことができた。忙しそうなナイチンゲールとは立ったままで束の間の出会いだったが、何か自分にやれることはあるかと問われ、シーコウルはその晩の宿を乞い、満杯であったが空きのあった洗濯係のベッドに泊めてもらった。

私の洗濯女性たちとの体験は世界中変わらず、彼女らは常にやさしく親切な人たちです。おそらく日々ほぼそれに浸かって過ごしている洗濯の泡が、彼女たちの心や気質に入り込んで、彼女たちを柔和にしているのでしょう。(Seacole 136)

シーコウルらしいユーモアのある表現である。シーコウルの豊かな人生は、名のある人びととの交流にとどまらず、こうした下働きの人びととの触れ合いから育まれたと思われる。シーコウルは翌朝「すでに肩まで石鹸の泡だらけの」(Seacole 137) その女性と別れを告げて、病院を後にした。

バラクラヴァでは戦地の友人たちに自分の到着を知らせる手紙を送り、温かく迎えられた。到着した日に波止場を訪れて以来、シーコウルは戦場からそこに運ばれた怪我人や病人をスクタリなどの野戦病院へ移送する、医者たちの仕事の手伝いを始めた。この波止場のことは、「そこで目撃した光景を忘れることができるでしょうか。本当に、それらは心を引き裂くようなものでした」(Seacole 143) と語られている。シーコウルの看護は、受けた兵士たちや、すぐにその手際を見抜いた医師たちから、たいへん感謝されている。シーコウルはまた、そこには自分は片足を失いながら、苦しむ人びとの気を引き立てようとする船員や、無表情に見えながら、「あなたがここにいてくれて、とても嬉しい」（Seacole 143–144）とシーコウルの肩を叩いた時、目に涙が見えた海軍大将がいたことを語っている。シーコウルは、人びとが見せる他者との共感、思いやり、優しさに心を打たれたのである。

私は人間の心の邪悪さや利己主義について、学識をもって結論するような人びとの話や説教をよく耳にしました。もしその人たちが、私があの波止場で過ごした六週間のうちの一日を私とともにいて、強者が弱者に示すキリスト教的な共感と同胞愛を一日でも体験したら、そういった見解を修正したのではないだろうかとよく考えました。（Seacole 143）

カリブ人であるシーコウルは、故郷や中央アメリカの体験を通し、悲惨な戦場にも対応力があったと思われる。戦場にいながら、人びとの温かさに触れるだけでなく、シーコウルはまた、医者兼料理人という特性を発揮して、戦場に喜びを持ち込んだ。シーコウルはナイチンゲールの病院で、馴染みの兵士から「お母さん、［戦地に］たくさん卵をもっていってください、向こうでは卵なんて見たこともないんです」（Seacole 134）と訴えられ、波止場で医者が唯一許可したので、卵を使ったスポンジケーキをレモネードと一緒に皆に配ったのである。「皆、何よりも気に入ってくれた」（Seacole 146）と語っているが、シーコウル自身、人びとを喜ばせることができて、貢献に満足したことと思われる。

春から夏に向かう頃、ホテル建設の場所を決め、スプリングヒルと名づけ、建設を始めた。材料や労働力を確保する苦労があり、イギリス軍やトルコ軍から援助を受けたが、とくに近くのトルコ軍の司令官とは親しくなって頻繁に訪問を受けたので、シーコウルに求愛しているのではないかと噂が立ったという。また、この頃、有名なフランス人料理人であるソアイエ（Alexis Soyer, 1809–1858）が立ち寄っている。ソアイエはナイチンゲールの病院食改善のために派遣されてクリミアへ来て、駐屯地を訪ねる途中であった。ジャマイカでも有名人であり、そのソースを愛用しているシーコウルは、ソアイエと出会い、大喜びしたが、ソアイエもまた、「有名なシーコウル夫人」と出会えたことが信じられなかったと回想録で語っている。すでに当時シーコウルが名を知られていたことがわかる（Robinson 110–111）。

七月頃、ブリティッシュ・ホテルがほぼ完成する。八〇〇ポンドかかったそうであるが、現在の三万三〇〇〇ポンドに相当するという大金である（Robinson 111）。クリミアネズミによる被害、洪水による被害もあったが、なにより盗難が絶えなかった。

　クリミアにいる間に、馬を二〇頭以上、ロバ四頭、山羊八〇頭、たくさんの羊、豚などの家禽を盗難だけで失いました。…一八五五年の冬一二月のある晩、四〇頭を下らない羊が死にました。…今こういったことすべてに笑みを浮かべることは構わないのですが、当時それらは、心を引き裂くようなことで、たとえ原因ではなかったとしても、やがてシーコウル・アンド・

デイ会社を襲う破産へと一役買っていたことでした。（Seacole 160）

そうした経営の苦労を抱えながら、シーコウルは「女性医師、看護師、『母親』」（Seacole 166）として「時には食べたり眠る時間もないほど」（Seacole 178）奮闘したと述べている。頻繁に遭遇する死への恐れを、シーコウルは「熱で具合の悪い子どもたちを抱えた大家族で、夜の間にどの子が死んだのか聞くことを恐れているようなものだとよく考えました」（Seacole 191）と語っている。

砲兵隊に青い目と明るい金髪の子がいて、かわいそうに長いうんざりするような病気を私が看護する間、すべて男らしい精神で耐えて、私は子どもに甘い古風な母親みたいに愛するようになっていました。もし天使たちが人の命を見守るとしたら、この子の命を守るだろうと私は思っていました。それが、病の床を離れてすぐ、砲台で若い英雄らしく働いていて、撃たれたのです。私が最後に見た彼を、金髪が生の血で硬くなり、汚れて、青い目は死の眠りに閉ざされている彼のことを、心から追い出すのには長いことかかりました。（Seacole 191）

客観的な医療にとどまらず、愛する喜びを知り、それゆえ失う悲しみを深く負うところにシーコウルらしさが窺われる。『自伝』の一二章には、シーコウルが治療した人びとから受け取った多くの感謝の手紙が名前を伏せて紹介されている。

（三）戦争の終結

一八五五年六月一八日、セヴァストポリ奪還を目指した戦いは多数の死者を出し、シーコウルも大切な友人たちを亡くした。その日シーコウルは戦場の近くまで行き、砲撃を浴びている。慌てて伏せたので指を身体の下敷きにして挫いてしまい、手当てを受けた。翌日、休戦と聞いて、シーコウルは戦場へ駆けつけるが、そのような悲惨な現場に向かう理由として、「恐怖と苦悩の現場においてこそ、女性にやることがたくさんあるのです」（Seacole 197）と、独自の女性観を表明している。

この後、コレラが流行するという不運が続いた。

八月一六日早朝、フランス軍の方角で銃撃が聞こえ、シーコウルはその方向へ向かい、ロシア軍の撤退を目撃した。フランス軍によるチェルナヤ川の戦いである。フランス軍とサルジニア軍の手当てをしようと戦場に赴いたが、そこではロシア軍兵士も対等な世話を受けており、シーコウルも手当てを行った。ロシア兵の多くは「私には意味がわからない言葉で、そして皆があの全世界共通の一つの言語、すなわち笑顔で私に感謝してくれました」（Seacole 204）と語られている。死んだコサック兵の所有であった子馬を、シーコウルは引き取って世話をし、最後にはイギリスに連れ帰っている。

夏の間戦闘が続いた。九月七日から九日に及ぶ戦いでは、ジャマイカで馴染みの九七連隊が加わっており、多数の犠牲者を出したが、ついにセヴァストポリを取り返した。その後、条約が締結され戦争の終わる翌年の四月までが、ブリティッシュ・ホテルのもっとも多忙な期間となった。セヴァストポリを統治するフランス軍の将校たちも常連となり、食事を楽しむ機会が増えたためである。イギリスではクリミア旅行のツアーも組まれ、大勢の見物人もやってきた。ホテルは馬小屋を増築し、手伝いを増やし、親戚の一四歳ぐらいのセアラ・シーコウル（Sarah）も加わった。クリスマスには凝ったメニューを工夫し、演劇上演の折には、自分の衣装を貸して、着付けを手伝ったりした。会衆五万人ともいわれた三月四日のセヴァストポリの春の競馬では、テントを出して、サンドイッチやワインなどを提供した。その間、突然フランス兵を襲った惨事である一一月一五日の火薬庫の大爆発では、負傷者の看護にまた献身的に働いた。

五月には連隊の撤退が始まり、将校たちがシーコウルのホテルに立ち寄り、別れの握手をしていくことを、シーコウルは「戦争は死と同様、偉大な平等主義者で、互いの苦しみと忍耐が、我われを皆友人にしたからです」（Seacole 226）と説明している。ここでは階級差を乗り越えた友情について述べているのであるが、ロシア兵との交流を含め、クリミア戦争でシーコウルが得たものは、他者と心を通わせた、人種、ジェンダー、階級、国家を越えた体験であったということもできると思われる。戦争が終わった時、誰もが家へ帰ることができるのを喜んでいた中で、例外であった、帰る家もない一人の兵士にシーコウルは共感したと述べているが、十分納得できる。

軍の撤退が予想より早く、冬に大量の注文をしていたこと、信用貸しでサービスを提供していたが、帰還命令が突然で、回収する間もなかったことなど、シーコウル・アンド・デイ商会は負債を抱えてしまった。七月にホテルを閉めたが、おもな負債者である将校たちを追いかけて代金を取り立てることはシーコウルにはできなかった。

サザンプトンとロンドンの間の小さな町で、陸軍基地のあるオールダーショットで店を開くという告知を出して、シーコウルはロンドンへ向かった。直行便の船賃がなく、コンスタンチノープルから乗り継いで八月には オールダーショットに到着した。そして八月二五日にロンドンへ行き、一般兵士のために開かれたクリミアでの功績を称える公開晩餐会に自由参加して大歓迎を受けたことは、本章の冒頭で紹介したとおりである。シーコウルはつかの間の楽しい時間を過ごしたと思われるが、オールダーショットの店は失敗に終わった。その後、破産宣告の記事が新聞に載ってから、恩を受けた人たちはシーコウル援助のために大規模なキャンペーンを展開したのであるが、シーコウルの貢献を思えば、当然のことと思われる。

五．クリミア戦争以後の人生

（一）戦争派遣ならず、モラント湾事件の起こるジャマイカへ帰国

その後二回、シーコウルは戦争に自分を派遣してほしいと願い出ている。最初は、一八五七年五月一〇日、インドで東インド会社の支配に対する反乱が起こった時である。同年七月二七日からロイヤルサリーガーデンでシーコウルのために開催された四日間の「グランド・ミリタリー・フェス

ティバル」の三日目に、シーコウルは軍事長官パンミューア卿（Lord Panmure）に面会して、インドへの派遣を願い出た。派遣が効果的な状況ではなく、応じてもらうことはできなかった。自費で行く資金を集める道もあったかもしれないが、九月に反乱は鎮圧された。

一八六〇年にはシーコウルはジャマイカへ戻っている（Robinson 184）。この時にはカトリックに改宗していた。弟の子どもなどの洗礼の際に保護者となったようで、記録が残っていて、シーコウルという名前が使われていた。一八五八年に文学者のアンソニー・トロロープ（Anthony Trollope, 1815–1882）がジャマイカへ行った時に泊まった宿が、「あのシーコウル夫人の妹」（Trollope 23）の宿だったと旅行記で述べているので、その後に帰国したと思われる。一八六五年にジャマイカでは小作人によるモラント湾の反乱という大きな事件が起こった。解放された奴隷の人びとが貧困に苦しんだ末に起こしたこの蜂起を、シーコウルはジャマイカで体験しているはずである。

クラトンの概説による事件の展開は以下の通りである（Craton 327–328）。直接には旱魃のためと、アメリカの南北戦争により、輸入食料が値上がりしたことによる。この窮状を、バプティスト宣教師が植民省に知らせる手紙を二月に送り、小作人数名がヴィクトリア女王に救済の嘆願書を出した。だが、植民省からの返事は勤労と倹約に励めという助言だけであった。議会では、当時の提督であり、熱心な英国国教会徒であったエドワード・エア（Edward Eyre）に、バプティスト教会のリーダーで混血の農園主兼実業家のジョージ・ウィリアム・ゴードン（George William Gordon）が対決した。ゴードンが不当な処分を受けて抗議活動を展開するうちに、彼の黒人の教会執事の一人であるポール・

ボーグル（Paul Bogle）を中心に、一〇月一一日に武装した数百人が行進を始めた。この時ボーグルに初めから暴力的攻撃の意図があったかどうかは、歴史家で意見が分かれている（Dick 446–449）。一行は警護隊に発砲されると、その後裁判所を焼き払い、モラント湾の町を略奪し、二〇人の白人が殺された。直ちに海軍や陸軍が派遣され、鎮圧にあたり、付近のマルーン集団も鎮圧側に加わった。マルーン（英語）とは逃亡奴隷のこと（スペイン語では「シマロン」、四章参照）で、山奥で戦闘的な集団として生き延び、ジャマイカでは多くの集落が存続したことで有名である。

蜂起に対して、四三〇人もの男女が射殺されるか処刑され、六〇〇人が鞭打ちを受け、一〇〇〇戸の家が焼き払われるという報復が行われた。ボーグルはマルーンに捉えられて絞首刑にされ、ゴードンはキングストンで逮捕され、ポートロイヤルの駐屯地に連行された後、モラント湾に運ばれて裁判にかけられ、一〇月二三日に絞首刑にされた。この結果、ジャマイカ議会は解散し、自治は取り上げられ、一八六六年からはイギリス政府の直接支配となった。

提督エアによる鎮圧は不当な非人道的行為であるとして、イギリスで大きな論議を引き起こした。エアはイギリスに召喚され裁判にかけられたが、無罪となった。のちに、一九六五年にはジャマイカで、ボーグルもゴードンも国の英雄として公式に認定されている。一方で、今もボーグルの子孫たちとマルーンの子孫たちとの間には不信感があるという（Dick 445）[4]。

この事件の当時の写真が、プリンストン大学図書館のグラフィック・アート・コレクションに収められている。これらの写真を集めた人が「イギリス陸軍の外科医」（Sheller 534）であったことに注目したい。クリミア（1853-1856）、第二次アヘン戦争の中国（1860-1862）、インド（1868）へ従軍した人物で、マルタ、ジブラルタルなど美しい風景や、人びとの民族的風習や衣装を写した写真などの中に、五九枚のジャマイカの写真が含まれている。そこにモラント湾事件に関係する政治集会、マルーンたち、犠牲者の肖像など、自分が撮ったものだけでなく、著名な写真家親子の写真を買ったものが集められている。こうした写真に表れた関心から見ると、この人物が大英帝国軍の一部を担ったことは間違いないが、敵を攻撃することが使命である兵士たちと比較すると、医者であることにより、より寛容な見方ができたのではないかと推察できる。医者としてのシーコウル像とも重ね合わされる。

シーコウルがジャマイカ人としてどのようにこの大きな事件を受け止めたのかは不明である。だが、一八六七年一月に、ロンドンでロウクビー卿によるシーコウル基金が復活し、寄付が公募された。シーコウルは当時ジャマイカで暮らしていたのであり、イギリスから見れば、故郷に帰った遠い地の人である。それにもかかわらず、この時ヴィクトリア女王が、海軍将校であった甥グライチェン伯爵（Count Gleichen）に公的な寄付を頼まれ、ファンドの公式文書に、女王もこの寄付を支援する旨が記されることとなった。最終的に女王の寄付額は不明だが、皇太子の二五ポンドを含め一三八ポンド［現在の五〇〇〇ポンド以上］（Robinson 186）がシーコウルに送られた。この後、シーコウルは妹のホテルの近くに、自分の家を建てている。

最初の寄付集めから一〇年後に、ヴィクトリア女王まで巻き込んで再度、多額のお金が集められたのは、「モラント湾平和戦争」（Dick 445）とも呼ばれるモラント湾事件が背景にあると考えられる。歴史研究者のセンメル（Bernard Semmel）によれば、この事件はジャマイカだけの問題にとどまらず、インドの反乱に続くものとして「帝国の不安」（Semmel 4）を呼び起こし、人種問題として認識されていたこと、また当時の自国の労働者に選挙権を与える問題とも関わり、イギリス総督エアを支持するか糾弾するかは、進歩派と保守派の間で大きな対立を引き起こしていたという（Semmel 4–6, 12）。カーライル（John Carlyle）、ラスキン（John Ruskin）、テニソン（Alfred Tennyson）、ディッケンズ（Charles Dickens）、キングズレー（Charles Kingsley）などが擁護派で、ジョン・スチュワート・ミル（John Stuart Mill）、ダーウィン（Charles Darwin）、ハクスレー（Thomas Henry Huxley）、ハーバート・スペンサー（Herbert Spencer）などは糾弾側であった（Semmel 5, 11）。この時期にジャマイカに帰っていたシーコウルは、個人としてだけでなく、ジャマイカ人としてその植民地と重ねられて意識されたと思われる。モラント湾事件でジャマイカの悲劇に心を痛めた人びとは、当然恩人シーコウルを思いやったと思われ、寄付に応じても不思議はない。他方で、反乱を無事鎮圧し、自治権を取り上げ、直轄支配とした結果に満足した人びとは、宗主国による植民地支配を確立したことで、保護者的な優越感から寄付に賛同したのではないかと考えられる。伝記作者のロビンソンは「あるグループからは宗主国の女性大使のように見られ、人びとの意識の中でエアの同盟者とみなされるようになった」（Robinson 185）と述べているが、シーコウルがイギリスと植民地ジャマイカとを結ぶ友好の架け橋とされたことは予想される。直轄領としてからイギリスが投資を始め、ジャマイカは「経済的な復興」（Robinson 185）を遂げたというが、他方でその後一九四四年までジャマイカは選挙による議会をもてなかった。

（二）普仏戦争への志願とナイチンゲールによる拒否

一八七〇年七月一九日に普仏戦争が始まった。『タイムズ』紙に戦時下の負傷者のために、ドイツ語やフランス語ができる人で、医者の到着まで応急処置ができる人を募集するという、超党派の取り組みの記事が載り、六五歳のシーコウルは奉仕活動に志願するためにロンドンへ出発した。シーコウルには、自分に金銭的援助を惜しまなかった人びとに報いたいという気持ちもあったと思われる。こうしたイギリス赤十字の前身となる事業に関わっていたのが、ヴァーニー卿（Sir Harry Verney, 1801–1894）であった。シーコウルがヴァーニー卿に参加を願い出た手紙や、卿から義理の姉、ナイチンゲールにシーコウルの申し出への対応について問い合わせた手紙も残っていないが、一八七〇年八月五日に「燃やしてください」と書かれたナイチンゲールの卿への返信が残っている。

シーコウル夫人。…彼女はクリミア戦争で、「売春宿」とは敢えて呼ばないけれど、それに近いものを経営していました。彼女は男性たちにとても親切で、また、それ以上に将校たちに親切で、そして楽しませ、そして大勢の人を酔わせました。（恥知らずで無知な詐欺行為が仕組まれて、女王は「シーコウル功労行事」に賛成したのです。）…シーコウル夫人を使う人は誰もが、彼女がどこに行っても、たくさんの親切な行為を、また、たくさんの酔っ払いや不適切な行為を、導き入れることになるでしょう。(Robinson 191)

ナイチンゲールがシーコウルを強く意識し、嫌っていたことがわかる。この手紙で、自分はクリミアでシーコウルと衝突しないように、また自分の看護師たちと関係させないように気を配ったと述べている。また、シーコウルと、ある将校の間に子どもが生まれ、それは将校も知らないという含みのことを以下のように思わせぶりに述べている。「しかし、彼女はそれから、一人かそれ以上の『人』を得て、(私の結論としては)今は手放しています。そのしかるべき地位にある将校は、私が…陸軍の看護師長、監督者、母として、知らざるを得なかったことをまったく知らなかったというのが私の結論すること(また信じていること)です」(Robinson 191)。シーコウルの子どもについては、フランス人料理人のソアイエが、回想録で、セアラ・シーコウルがシーコウルのことをカリブ風に「マミー」と呼ぶので、子どもではないかと邪推したらしいことが窺われる。黒髪で青い目をしたセアラはソアイエにサリーと呼ばれ、「エジプト美人」(Robinson 154)として気にいられていた。セアラは、メアリが夫と暮らしていたブラックリバーにいた親戚の一人であるC・W・シーコウルの娘で、メアリが夫の病気のため母親のホテルに戻った一八四三年には三歳ぐらいであったと思われる(Robinson 145)。もちろん、ソアイエの邪推は事実無根である。

普仏戦争への派遣の希望は断られたようであるが、ナイチンゲールの噂が広まることはなく、シーコウルは王室へも出入りする有名人として晩年を過ごした。女王に寄付を頼んでくれた甥であるグライチェン伯爵が引退して芸術に専念し、一八七二年のロイヤル・アカデミーの夏の展示会には伯爵の製作したシーコウルの胸像が展示された。有名な写真会社によって撮られた写真も残っている。遺言が残され、多くの人に気配りがなされていたが、亡くなった時には妹に八五〇ポンド［現在の三万七〇〇〇ポンド以上］（Robinson 197–198）が渡った。シーコウルは本人の指示通りに、ケンサル・グリーンのローマカトリック墓地に埋葬された。

六．カリブ人としてのシーコウル

シーコウルの自信と功績を可能にしたのは、明らかに故郷で育まれた資質である。まずは、母から学んだ医療である。これはアフリカ由来の薬草の知識や、ジャマイカでの治療の経験によって受け継がれ、発展してきた医療技術であると思われる。アメリカの先住民も薬草には深い知識をもっていた。医学の歴史や医者像は西洋的な規範で一律に測れるものではなく、多様である。[5]日本では、西洋医学の入ってくる以前、医術は漢方であり、薬草についての膨大な知識に基づいていた。漢文の文献の読める者が医者となれた。日本の町医者、平野重誠（1790–1867）はシーコウルとほぼ同時代の人であるが、一八三二年に出版した著作『病家須知』が、二〇〇六年に研究資料として現代語訳で出版された。「養生」の具体的な実践を看護や介護を担う家族向けにまとめたものである。

近代看護教育の生みの親とされるナイチンゲールが従軍したクリミア戦争を二〇年さかのぼるわけで、欧米から輸入されてきたと考えられてきた看護学は、実は日本独自の視点で実践されていたことがわかる（「お江戸に学ぶ健康法」23）。

シーコウルが母から受け継いだ宿屋経営も、ジャマイカで独自の発展をしてきた職種である。カリブの宿屋業の歴史を考察したポーレット・A・カー（Paulette A. Kerr）による研究、「犠牲者か戦略家か――ジャマイカの下宿屋の女主人たち」を参照してみたい。ジャマイカの宿泊や飲食業がおもに混血や黒人の女性たちの経営によることとは、よく指摘されてきたことであるが、「多くの下宿屋は彼女たちの白人の愛人が建て、仕事は白人男性の支援によって支えられ、白人男性が客の大半を占め、白人男性のために性行為も含めたさまざまなサービスを行っていたことは間違いない」（Kerr 198）という。それでは、宿泊業界で台頭してきた女性経営者たちは、「実際、男性中心社会の犠牲者なのだろうか」（Kerr 198）という問いが、論考の表題となっている。

ナイチンゲールの帝国の視線は、白人男性が生み出したいかがわしい宿屋業の罪と穢れを被害者に被せており、そうした逆境の中で生まれた、自立し誇りに満ちた女性たちの活躍を理解することもできなかったのだと思われる。ヴィクトリア朝の時代には、淑女は職業に就くものではないと考えられ、看護師は売春婦と同じような職種とみなされていた。ナイチンゲールはそうした世間の見方を打ち破る必要があったのであり、シーコウルのジャマイカ流のホテルを強く警戒したのだと思われる。

統計によると、一七世紀には宿屋や居酒屋はもっぱら男性の経営だったが、一九世紀の初めまでには、下宿屋（宿屋）の経営者は男性より女性が多くなっており、一八七八年のキングストンでは下宿屋経営者全員が女性と記録されている。居酒屋が酒だけでなく下宿屋として家事を提供するように役割が変わっていくにつれ、女性の経営が多くなっていったと考察されている。シーコウルのように、医療を提供するところもあり、それらの顧客はおもに船員や兵士であり、平行して店やパン屋を経営している場合も多かったという。「一九世紀の下宿屋は、時には、郵便局、販売の場、コミュニティの広告掲示板、病院、些少な違反の裁判や軍法会議のための法廷、私企業や政府の特別に優遇された人びとがビジネスのために集まる一種のコミュニティ・センターとなった」（Kerr 205–206）と解説されている。カーは、白人男性たちが、自分たちの支配を存続させる上での脅威である有色男性に対する恐れのために、「女性に職を維持させ」（Kerr 203）、それが女性の権力強化を生み出したのではないかと考えている。彼女たちは「白人男性の要求を搾取することにより、その弱さを力に変え」、「そのサービスを多様化して、収入を増大させただけでなく、やがて重要人物となっていった」（Kerr 210）と、カーは女性たちの積極的な関与を評価している。シーコウルもこうした「故郷の島の、独立心の強い、しばしば企業家的な、自由クレオールおよび自由黒人の伝統から出てきた」（Brereton 89）と考えられる。

ナイチンゲールの一六巻に及ぶ全集の編集者マクドナルド（Lynn McDonald）は、二〇一二年の論考「看護の辛辣なライバル争い」で、「シーコウルの功績をナイチンゲールの上に位置づけようとする運動は、後者を誹謗する三〇年に及ぶ本、記事、映画から広まった」と述べ、「白人の罪の意識」（McDonald ⑴ 11）がそうした動向の要因であると推測している。反対は押し切られ、ナイチンゲールが看護学校を創設したセント・トマス病院正面に、シーコウルの銅像が建てられ、二〇一六年六月三〇日に除幕式が行われた（"Mary Seacole Statue"）。ナイチンゲールの名声を脅かすほどシーコウルの評価が高まっているといえる。大英帝国で豊かな家に生まれ、一流の教育を受けた人物に劣らず、充実した人生を生き、後世に残る貢献ができるというカリブ出身者の可能性を、シーコウルから知ることができる。

注

注1　*News of the World*, 31 August 1856.

注2　アンクル・トムやアンクル・リーマスのように、アメリカ南部の黒人たちは男性には「おじさん」、女性には「おばさん」という呼称をつけており、白人も準じた。

注3　ロビンソンは断られた他の人びとの記録から、シーコウルの場合、皮膚の色のほかに、四九歳という年齢と、規律のために命令に従うことが求められていて、自由意志で行動できる人は条件に合わなかったという理由を推察している。

注4　一九二〇年代にアフリカ帰還運動を展開したジャマイカ出身のマーカス・ガーヴェイ（五章参照）の父親は、一八六五年七月にゴードンの政治集会に参加しており、自分がマルーンの子孫であることから、マルーンがなぜボーグルやそれ以前の奴隷反乱に敵対したのかを、生涯思い悩んでいたとガーヴェイの二度目の妻（Amy Jacques Garvey）が語っている（Sheller 567）。マルーンはアフリカ系カリブ人の抵抗と誇りと自由の象徴であり、ジャマイカでは一七二〇年までに数千人が存在した。だが、二大勢力のうちの一方のナニータウンが一七三四年に陥落すると、他方の首領であるクジョウ（Cudjoe）は一七三九年にイギリスと一五条の協定を結ばざるを得なかった。そ

れによって集団の存続は保証されたが、新たな逃亡奴隷は引き渡すなど、同胞に敵対する行為に忠誠を誓ったのである。ちなみに、ナニータウンの指導者は、「生存の象徴としてだけでなく、アフリカのアシャンテ文化での『クイーン・マザー』として」（Terborg-Penn 201）伝説化された女性ナニー（Nanny, ?-1733）である。

注5　カンボジアにも「祈りや薬草で病気を癒す伝統医療師」がいて、内戦が続き深刻な医師不足の時に、人びとの健康を支えたという。「薬の処方はクメール王朝［九～一五世紀］時代からの知識に基づいている」。（「カンボジア癒す伝統医療」13）

第四章

第二次独立戦争に参加した元逃亡奴隷

エステバン・モンテホ（キューバ出身）

――カリブの豊かな自然を享受した長寿の生き証人――

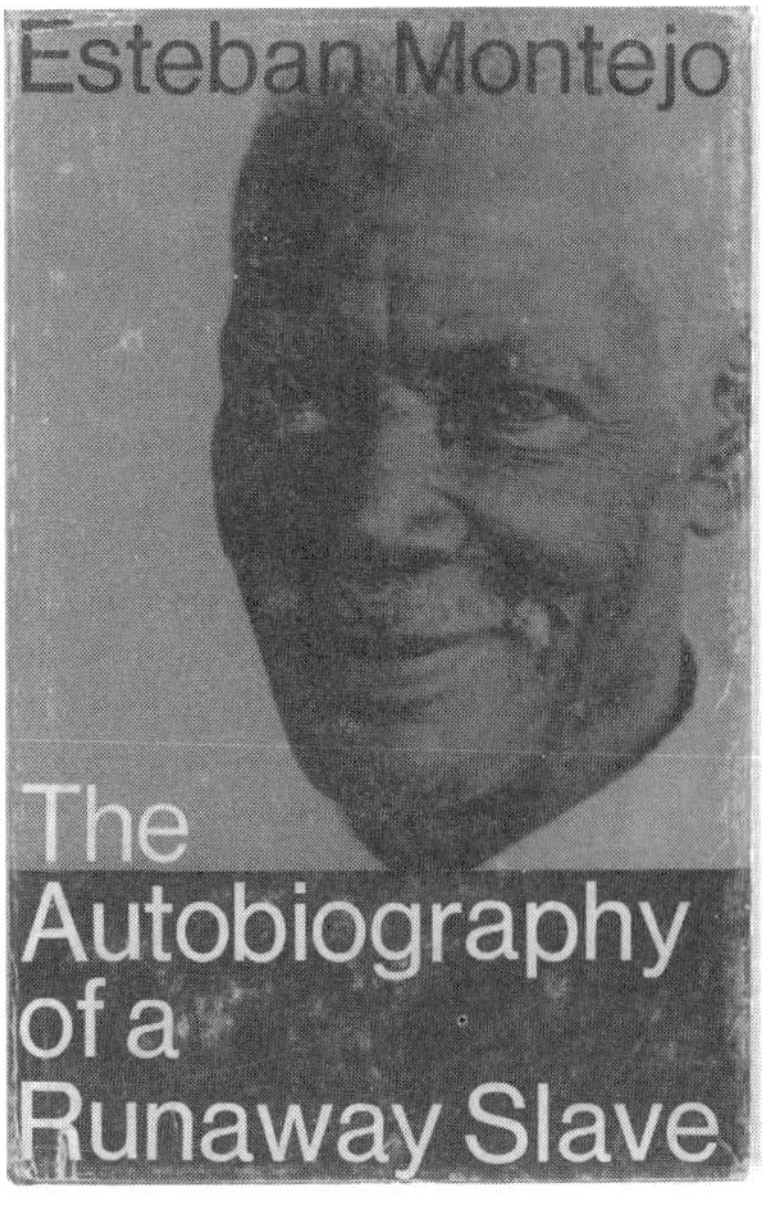

本章では、キューバの逃亡奴隷（シマロン）であったエステバン・モンテホ（Esteban Montejo, 1860–1973）の一人称の口述筆記である『ある逃亡奴隷の伝記』（1966）を取り上げる。モンテホは一九六三年に民族誌学者で文学者のミゲル・バルネ（Miguel Barnet）が聴き取りを始めた時は、すでに百三歳であった。原著（*Biografía de un cimarrón*）はスペイン語で書かれているが、本章は一九六八年にアメリカで出版された最初の英訳ではなく、一九九四年に出た二度目の英訳本（*Biography of a Runaway Slave*）をテクストとしている。出版社はアメリカのＮＰＯである。最初の英訳では、タイトルが『ある逃亡奴隷の自伝』となっていた。一人称の語りによる口述筆記であることから「自伝」と訳して問題ないと思われるが、新訳では原作に忠実に「伝記」と翻訳されている。「伝記」と位置づけることで、複層的な本書を読み解く過程、すなわち一人称で語る元奴隷、その話を聞き取って書き記す原作者、さらにスペイン語から英語への翻訳者という「物語の中にある多様な声を聴き取り、理解する過程」（W. Hill 12）に、読者が意識的に関わることができると、訳者は「翻訳者序文」で述べている。なお、原著が出版されてすぐ、日本でも翻訳されているが、タイトルは『逃亡奴隷——キューバ革命に生きた一〇八才の黒人』［学芸書林］となっている。

一・証言文学というジャンルの意義

著者のバルネは、自伝でもドキュメンタリーでもない文学として、「証言文学」というジャンルを提唱したことで知られる作家である。バルネが主唱した「証言（testimonio / testimonial）ナラティヴ／証言小説／証言文学」は、政治や歴史的事実と密接に結びついたラテンアメリカ文学の特徴的なジャンルとして、現在広く認知されている。一九九二年にノーベル平和賞を獲得したマヤ先住民のメンチュウ（Rigoberta Menchu）の『私の名はリゴベルタ・メンチュウ――マヤ＝キチェ族インディオ女性の記録』［邦訳・新潮社］が日本で知られている例である。中南米文学研究者のシーア（Maureen E. Shea）の解説によると、一九七〇年に、キューバの文化・文芸誌『カサ・デ・ラス・アメリカス』は証言文学のための賞を設立し、文字の書けない人びとが、筆記者の記録を通してテクストの語り手となれる機会を提供した。それによってこのジャンルの価値が認識され、ラテンアメリカの人びとに広がっていったという（Shea 4）。

証言文学は声無き者に声を与えるために役立った。ラテンアメリカの作家たちは伝統的に自分たちが住む世界の政治的、経済的な環境に関心をもっていた。まさにそうした芸術家たちの社会との関わりのために、ある欲求不満がラテンアメリカの作家たちの間に現われた。というのは、彼らのほとんどは特権を持たない階級でも、彼らが代表していると主張する人種の出身でもなかったからである。外部の観察者として、有利な立場から抑圧の現実を描いたり糾弾することは、時には、周縁に追いやられたコミュニティをさらに遠ざけてしまうステレオタイプに貢献し、貧しい大衆、土着の文化、黒人文化を歪め、非人間化する見方を生み出す結果となった。キューバ革命が一部インスピレーションとなった、目覚めの感覚と結びついたこうした欲求不満の意識から、人民の声を表現する新しい方法を見つける必要性が生じた。フェミニスト批評家のドリス・ソマーが述べるように、「インテリたちは、自分たちが擁護する人民の大義は、対象ではなく主体なのだということに気づき始めた」。そうして文盲の、周縁の、無視され、正当に代表されることのなかった人びとの声が現れるような、証言形式への関心が生まれたのである。(Shea 5)

中南米の学術的歴史は西洋が記述してきたもので、植民地支配の下で生き延びてきた先住民やアフリカ系の人びとの側から見られたものではない。こうした中南米の歴史学の欠陥を補おうと、そうした人びとの声を取り上げ、彼らが築きあげてきた歩みを想像力によって辿ろうと文学者たちが苦闘する中で、彼らは自分たち知識人が他者を代弁することの困難に直面し、その結果こうした文学形式に辿りついた。一九八五年にアジアの女性に関心を寄せて、ガヤトリ・スピヴァク (Gayatri C. Spivak, 1942–) が「サバルタンは語ることができるか」という論説を発表したが、声を奪われた人びとの声に到達するむずかしさへの意識は、六〇年代の中南米の文学者たちの場合と共通といえる。

シーアはこうした証言文学の目的は、同時期に盛んになったドキュメンタリー映画と共通しているると述べている。両者とも、事実に限りなく寄り添ってはいるが、作者の主観的価値判断の影響を受けている。『自伝』には編集者として名前が付されるが、証言文学は『伝記』の扱いとなっており、語り手ではなく、語りを聴き取った人が作者とされる。

本章のテクストである英訳の最後に、バルネによる論説、「証言的語り」が掲載されており、バルネが意図した「証言文学」がどのような性格のものかが解説されている。要約すると、事実か虚構か、歴史か物語かなどの区別は絶対的ではない、周縁化された人びとの生活の断片にこそ歴史的視野が見出される、被抑圧者の人びとに誇りを回復させ、キューバ人であり、ラテンアメリカ人であることの意義を広く認識させる、口承文学時代の言語のもつ音声の魅力を生かした文学を目指す、といった内容となっている。

ラテンアメリカでは、キューバの作家であるアレホ・カルペンティエル（Alejo Carpentier, 1904–1980）が一九四九年に主張した、「驚くべき現実」の手法が文学者たちに広く受け入れられ、広くマジカル・リアリズムとして知られるようになった（六章参照）。ノーベル文学賞を受賞したガルシア・マルケス（García Márquez, 1927–2014）ら、多くの中南米文学の作品の特徴となっており、中南米のモダニズムといわれている。リアリズムの展開の中に実際に「空飛ぶ絨毯」に乗って旅するなどの想像世界が、まったく違和感なく入り込んでいる独特の感性の世界である。非西欧世界であることを自覚するラテンアメリカにとっては、押しつけられた西洋の歴史には真実という重みがなく、西洋から見ればフィクションでしかない想像の分野に属する民話や噂話などの方に、人びとの生きた現実の重みがあるという世界認識が、こうした文学形式を生み出す一因でもあったと思われる。

二．長生きの国キューバ

『朝日新聞』二〇〇五年二月一二日の朝刊によると、二〇〇五年キューバからの報で自称一八八〇年生まれの男性が見つかったという。事実なら一二五歳であるが、記憶や証明に疑問があり、当人も「一一九歳ぐらいかも」と認めている。この男性が見つかった集まりはカストロ国家評議会議長（七八歳）の肝いりで発足した「一二〇歳クラブ」（「世界最高齢？」6）である。

また、同新聞の二〇一一年五月二八日の夕刊では、二〇〇一年にキューバ政府は、一二六歳の女性を含め国内に百歳以上の高齢者が一五五一人いると発表し、長寿の割合が「世界一」としており、首都ハバナでは「国際高齢者大会」が開かれたと伝えている（「最高齢は126歳」2）。キューバは医療が無料で、ホームドクターという日常的総合的医療を行っていることでも名高い。大学まで授業料が無料であり、医者が多く、ベネズエラなど海外へ派遣して外貨を得ている。モンテホの年齢に疑問は残るが、老齢であったことは間違いなく、年齢の点でもモンテホはキューバの誇りを代表する人物といえる。

『エル・シマロン』（El Cimarrón）を作曲したドイツの作曲家ハンス・ヴェルナー・ヘンツェ（Hans Werner Henze, 1926–2012）は、一九六九年から七〇年にキューバに滞在し、モンテホが一〇八歳の時に会っている。「あんなに年老いた男には初めて会った。木のように背の高い大男で、歩くのは遅いが背筋は伸びている。そして目はぎらぎらと生気に漲っている…彼はまさに歴史的人物である」(Kerstan 11) と述べている。おそらくモンテホに出会って感銘を受けたことが、こうした楽曲の創作をもたらしたと思われる。

三．キューバの奴隷制度と第一次独立戦争

（一）キューバの逃亡奴隷集落

キューバには、ジャマイカと同じように古くから逃亡奴隷の集落があった。理由は地形であり、両島とも高い山があって、奥地に逃げ込めたからであると思われる。キューバではカストロの革命軍がシエラ・マストラ山脈を本拠地として戦うことができ、やはりそうした地形の利益を得ていたといえる。歴史家ペレ・デ・ラ・リヴァ (Francisco Pérez de La Riva) の研究によると、一五三〇年には、スペイン支配から逃亡した先住民たちが奥地に集落を作り、農業を行っていた。その後、「先住民がほとんど死に絶えてしまうと、黒人の逃亡奴隷がやってきて、荒野の村を作った。こうした集落の存在と増加は一八世紀の後期には早くも植民者たちを悩ませ始めた」(Pérez de La Riva 51) という。これらの村は永続する集落となり、パレンケ (*palenque*) と呼ばれた。一九世紀の前半には海賊が沿岸部にパレンケを作って隠れ家などにしており、海賊時代が終わりになると、海賊たちは違法な奴隷貿易に加わっていたので、多数存在したパレンケ集落には、犯罪者や白人など多様な人

びとがいた。現在は一部名前だけを残して消滅してしまったが、「住民の多くは小農園主として国中に散らばり、国中にパレンケの多くの伝統が今も残っている」(Pérez de La Riva 59) という。逃亡奴隷となったモンテホは、このように植民地支配の下に置かれることを拒否して生き延びたキューバ人の歴史の一部と位置づけることができる。

(二) 英仏領植民地に遅れたサトウキビ大農園の発達

キューバはスペイン領であり、資本主義や自由主義の発達したイギリスやフランスが奴隷貿易と奴隷制の廃止や、植民地の自治、独立をめざす運動によって、新たな時代へと向かい始めていた時期に、他より遅れて奴隷の数を増やし、砂糖の生産を上げ、「世界最大の砂糖産出地への道を着実に登っていた」(Blackburn 398)。このキューバの変容は、砂糖がもたらした「砂糖革命」とも呼ばれている。経済史研究者ヒグマン (B.W. Higman) は、ジャマイカの歴史家ナイト (F. W. Knight) を援用し、「一七六三年と一八三八年の間に、キューバは島全体を『人が少なく未発達の小さな町の集落、家畜牧場、タバコ農家から、大規模の砂糖やコーヒー農園へと』変容させた『革命的な変化』を経験した」(Higman 218) と述べている。

本国のフランス革命の後、繁栄を極めていたフランス領サン・ドマングが独立戦争を始めると、「二万から三万人の避難者」(Blackburn 387) がすぐ隣のキューバに渡ってきて、「一七九五年から一八〇五年の間には、キューバが南北アメリカの商業の中心となって、一八〇一年には一〇〇〇隻以上の商船がハバナに寄港した」(Blackburn 393)。その後、イギリスで奴隷制廃止論が高まる時期にも、イギリス領からスペイン領へ奴隷の移動が行われ、「一八二一年頃、バハマ諸島だけから、少なくとも二三〇〇人の奴隷が移動したが、その多くがキューバにやってきた」(Curry-Machado 73)という。弱小国スペイン領のキューバの繁栄は、イギリス、フランスというヨーロッパの強国に加えて新たに参入した、アメリカの関与の下に築かれ、そうした力関係の中で維持された。アメリカは一八二三年には、アメリカ地域へのヨーロッパ諸国の不干渉を求める、モンロー大統領による宣言を出している。ヨーロッパに替わり、アメリカの強力な資本主義がカリブを支配するようになっていくのである。

(三) 奴隷制廃止を確約させた第一次独立戦争（一〇年戦争）

スペイン本国からの独立を求める第一次独立戦争は一八六八年から一八七八年まで続き、一〇年戦争とも呼ばれ、病気も含めて一〇万人も死者が出た「人道的な大惨事」(Sexton 338) といわれている。奴隷所有者セスペデス(Carlos Manuel de Céspedes, 1819–1874)が独立を求めて始まった戦闘だったが、その後奴隷制廃止の運動ともなり、参加者も多様で、展開も一様ではないが、一八七〇年代初めの全盛期には、四万人が加わっていた (Sexton 338)。他国からも独立と奴隷制廃止を支援する声は大きく、アメリカでは黒人指導者フレデリック・ダグラス（二章参照）が戦闘への参加を呼びかけている (Sexton 340)。また、一八七三年にはアメリカ国旗を掲げて反乱勢力に武器を輸送していたヴァージニアス号（Virginius）事件が起こった。ジャマイカ沖で捕まり、英米人を含む五三人が海賊として処刑され、一時はイギリスとアメリカの参戦も危惧された（Sexton 348）。七年間続いて収拾がつかなかった時に、アメリカのグラント大統領が、モンロー主義に反すると批判されながら、ヨーロッパ六ヵ国に呼びかけて、スペイン政府に鎮圧を要求した。一八七八年二月に、奴隷制の廃止などの改革を条件に穏健派の指導者たちと和平が結ばれている。だが、そのサンホン合意（the Pact of Zanjón）は「平和協定というよりも休戦に近いもの」（Whitney 368）であり、妥協を認めない指導者たちは、一八七九−一八八〇年にはマセオ（Antonio Maceo, 1845–1896）らによる小戦争（the Guerra Chiquita）を、またその後第二次独立戦争を開始することになる（Whitney 370–372）。

四．モンテホの生涯

（一）生い立ち

生まれ育ったのはキューバ中部（あるいは西部）にある、ラス・ビジャス地区の北部である（Barnet 20）。奴隷が皆そこで出産するという農園内の保育所のようなところで生まれ、そこから別の農園に売られた。それが記憶にあるフロル・ド・サグアという農園かどうかは不明だが、フロル・ド・サグアで一〇歳くらいの時から製糖工場や畑で働かされ、その後二度逃亡を企てた（Barnet 19–20）。逃亡に成功したのは一五−一八歳の頃で、奴隷制が廃止されたことを知って山を下りたのは二〇−

二五歳頃で、その後サトウキビ農園の労働者になった。

一八九〇年代に代父・代母に初めて出会い、自分の両親や出生について知ったという（Barnet 19）。一八六〇年一二月二六日、聖エステバンの日に生まれて、その名がつき、父親は西アフリカのヨルバ人に属するルクミ人で、名はナサリオ、母はエミリア・モンテホという名のフランス系の奴隷で、主人の名前はパンチョ・メサである（Barnet 18–19）。

フロル・ド・サグア農園には二〇〇人ほどの奴隷がいたが、皆バラコンと呼ばれる長屋に住んでいた。向かい合う二列から成り、中央に大きなドアがあり、夜は施錠された。床は土間で、小さな窓が一つしかなく、換気が悪く、蚤やダニが群がり、感染症や病気にかかった（Barnet 23）。バラコンの中央では女たちがタラの箱を桶として使い、夫や子どもの服を洗濯していた。製糖工場の鐘は朝四時半に九回鳴り、奴隷たちは起きて、六時の鐘ではバラコンの前に男女別に整列した。一一時まで畑に出て、干し牛肉、じゃがいも、パンの食事をとり、日没に祈りの鐘が鳴って仕事が終わり、八時半に就寝を告げる最後の鐘が鳴ったという（Barnet 24–25）。

一度は逃亡後捕えられて、きつく枷をつけられたまま働かされるという罰を受けたが、その後数年間逃げることばかりを考え続け、ある日また逃亡した。

（二）逃亡生活

方向もわからないまま、山の中を四、五日さまよっているうちに、洞窟を見つけて、そこに一年半住んでいた（Barnet 45）。蛇が近づかないように決して火を絶やさないようにして、蝙蝠と同居していた。また、食糧としては、おもに白人たちから成る近くの農家の豚が、沼で水浴びするためにやってくるので、毎週豚を一頭捕まえ、毎日食べていた。豚は二〇ポンドもあれば、一五日はもったという。洞窟はレメディオスの近くと書かれているが（Barnet 45）、この町は現在の地図で見ると、中央部北側の海の近くである。その後はあちこちをさまよい歩き、「私がおもにしたことは、歩いて寝ること」（Barnet 53）で、「ほとんどトリニダーまで到達した。丘の上からその町と海が見えた」（Barnet 53）と述べている。トリニダーは同じ中央部の地域にある町で、現在世界文化遺産になっているが、南側の海沿いにある。東西に細長いキューバを、モンテホは北岸近くのレメディオスから南岸のトリニダーまで、南北に縦断したことになる。

「他の逃亡奴隷たちはつねに二－三人のグループで動いていた」（Barnet 47–48）が、見つかる危険が大きくなるので、モンテホは他の逃亡奴隷からも姿を隠し、一人で行動していた。いつ森を去ったのかというと、「奴隷制が終わった時に逃亡奴隷であることをやめた」（Barnet 56）とあり、終わったことは、人びとが「おれたちは自由だ」と叫んでいたから知ったという。

「自分たちを解放したのはマルティネス・カンポス（Arsenio Martínez Campos, 1831–1900）であると奴隷たちがいっていたのだから、彼が総督の時だ」（Barnet 56）と、本人は推測している。カンポスはキューバの東部で長く続いた一〇年戦争を終わらせた将軍であり、サンホンでの和平条約には奴隷制廃止も含まれていた。カンポスは一八七九年にスペインの首相となっている。奴隷制廃止は一八八〇年に議会で承認されたが、その時は八年間の保護期間つきという条件があったのだが、一八八六年に完全廃止が議会で決定した。当時、自分は「もう二〇歳ぐらいであったに違いない」(Barnet 61) とモンテホは語っており、モンテホが逃亡奴隷であったのは、東部で第一次独立戦争が戦われていた時期であると推測される。

(三) 無法者たちとの出会い

モンテホは第二次独立戦争前に、大勢いたという無法者たちについて語っている。「ラス・ビジャスは無法者たちの根城であった。そこら中に群がっていた」(Barnet 104) そうで、その多くが戦争に加わっていたという。「彼らは優秀な騎手でヤマネコのように素早い。おまけに森を誰よりもよく知っている。多くの人が、彼らは革命家でキューバのために自由を望んだといった。自治論者と呼んだ人びともいた。それは皆ただの自惚れだ。殺人者は愛国者になることはできない」(Barnet 109–110) と、モンテホは厳しく批判している。

「この島（キューバ）には無法者が横行している。どの地域にもいた」(Barnet 110) とモンテホは述べているが、こうした無法者の存在は、第一次独立戦争が終わり、第二次独立戦争へ向かう時期の特徴的な社会状況であったことを、歴史家ペレス (Louise J. Pérez, Jr) は、「浮浪者、物乞い、無法者たち」という論考で考察している。ペレスは、モンテホの語った体験も参照して論じている（Pérez, Jr. 1114）。

ペレスによると、第一次独立戦争以後、それ以前の「キューバの社会的経済的秩序は崩壊した」（Pérez, Jr. 1092）。小規模の製糖工場の多くがつぶれ、生産高は激減した。しかも、キューバのサトウキビ砂糖生産が落ちている間に、一八七六年にはハワイからアメリカへのサトウキビ砂糖が非課税となったり、ヨーロッパでの甜菜糖の供給が増えて、一八八四年には総砂糖輸出量の五三％を占めるようになったりして、砂糖の価格が下がった（Pérez, Jr. 1093）。その結果「一八八〇年代半ばにはキューバは不況に陥」（Pérez, Jr. 1094）り、「一八八〇年代の間、失業率が跳ね上がった」（Pérez, Jr. 1096）。一八八〇年代末と九〇年代初めの葉巻の輸出減も、不況に追い討ちをかけた。

他の要因としては、第一次独立戦争の後、不況で移民を推進したためにスペインから二五万人がキューバに渡ってきたことである。その結果「キューバ人はキューバのどこにも居場所がなかった」（Pérez, Jr. 1097）という状況が生まれ、「一九世紀の最後の三分の一の間、あらゆる職業、年齢、階級、人種のキューバ人がヨーロッパ、アメリカ、ラテンアメリカへ移住した」（Pérez, Jr. 1098）という。

だが、もっとも大きな変化は、キューバの砂糖産業の変容である。奴隷制時代のような奴隷労働による小規模な経営では世界の市場で対抗できないため、おもにアメリカ資本の投入で、大規模な近代技術を装備した製糖工場が作られ、こうした産業と、サトウキビを栽培する農業とが分離していった。大規模工場は、より多くのサトウキビを処理する能力があり、大量のサトウキビ必要とするため、栽培用の土地と安価な労働者の確保が必要となった。そのため小規模農家の土地が奪われて、巨大なサトウキビ農園に変わっていった。ペレスは、もっとも重要な変化はアシエンダと呼ばれる伝統的なキューバの土地所有形態が消滅したことであるという。これまでは共有地の一部を個人や家族が分けて所有することができたのだが、そうした土地がなくなり、小農民は土地を失い、労働者となっていった。「一八八〇年代の終わりから九〇年代初めには、白人も黒人も含めて、何十万人ものキューバ人がマタンサスやサンタ・クララのサトウキビ農園で働く、土地をもたない農業者として、統計記録に現れた」(Pérez, Jr. 1102) という。そうした社会の中で、一八八〇年代の終わりまでに「移動と乞食生活」(Pérez, Jr. 1102) が、対処できない程に広がっていった。

土地を失った小農民で大農園に組み込まれることを拒む人びとは、「法の外に、独立して生きること」を選んだ。一八八〇年代と一八九〇年代にキューバ西部では八〇〇人ほどの無法者がいて、年齢は二五歳から三五歳であり、元奴隷や元兵士もわずかにいたという (Pérez, Jr. 1109)。彼らの存在についてペレスは、「個々の反乱や個人の反抗の状態」であるだけではなく、「伝統的な生活様式を失って脅かされた共同体による、集団的抵抗の表現」(Pérez, Jr. 1106) でもあったと総括している。無法者の中には義賊のように、近隣の人びとに富を分け与えた者や、独立戦争のために資金援助をした者もおり、キューバ特有のゲリラ戦を支えた功績も認められる。だが、モンテホは自分の見聞に基づき、彼らを英雄視する風潮にはっきりと異を唱えている。モンテホの見解は、独立戦争の内情についても多くを知らせてくれる、貴重な証言であるといえる。

（四）第二次独立戦争体験

第二次独立戦争（1895–1898）はスペインからの独立を求めてホセ・マルティ（José Martí）、マクシモ・ゴメス（Máximo Gómez）、アントニオ・マセオらに率いられて戦われた。一八九五年二月二四日に東部で暴動が起きたのが最初である。一八九八年にハバナでアメリカ海軍のメイン号が爆発したことで、春にアメリカがスペインに宣戦布告し、米西戦争が始まり、スペインのアメリカ軍への降伏で終わった。この結果、キューバはアメリカに占領され、その後一九〇二年に、名目上は独立した。モンテホは一八九五年の一二月に志願を決意して、二度目の製糖工場であるアリオサから東へとカマグエイに向かい、反乱軍に参加した（Barnet 159）。最初の戦いは、一二月の、マセオが指揮し、ゴメスが補助したマル・ティエンポでの戦闘であった。スペイン兵はライフル銃をもっていたが、解放軍はマチョテ（なた）で戦った。だがスペイン人たちは「ライフルは怖がっていなかったが、マチョテは恐れていた」（Barnet 161）と、モンテホは一六－一八歳ほどの徴集兵をはじめ、敵は臆病であったと感じている。「それは最悪の殺戮だった」が、「キューバ人に勇気を与え、革命に力を与えるために必要だった」（Barnet 163）と述べている。

その後、ラ・オラチタ、エル・マメイで戦闘があったが、まだ指揮官もなく統制のとれないままだったのが、やっとゴメスらが移動大隊を組織して、モンテホは「追いはぎで、無法者のタホ（Tajó）」（Barnet 166）の所属になった。タホのことはよく知っており、従うのは嫌だったが、戦争ではやむをえなかったという。タホは政府側のパルチザンから情報を得て、戦いをせず、四〇人の兵隊から一人も怪我人は出なかった。家畜を盗んでは売りさばくタホは「解放軍の服を着た馬泥棒」であり、「彼のような連中は大勢いた」(Barnet 169) とモンテホは述べている。モンテホは数ヵ月我慢したが、耐え切れず出て行った。その数ヵ月後にタホはスペイン軍に投降したが、また逃げ出して解放軍側に戻ったそうで、モンテホは呆れ果てている。

モンテホは近くにいたカヂト (Cayito Alvarez) 大佐の所属になったが、最初の日からタホと変わりのない人物であるとわかり、そのことはしだいにはっきりしたと語り、「私の運だ。泥棒から泥棒へ、人殺しから人殺しへというのは」(Barnet 170) と述べている。一八九六年一二月七日のマセオの死によって観念してしまったのか、カヂトは部隊ごとスペイン政府に投降しようと謀り、何者かに射殺された (Barnet 180)。

次にイヒーニオ (Higinio Esquerra) 准将に配属されたが、「彼が無法者だったと知った日から彼を信じなかった」(Barnet 184) とモンテホは述べている。アランダ (Aranda) 大佐の付き人をやれと命じられた時に、ただちに抗議に行き、「誰かの付き人になるために戦争に来たのではない。誰かの靴下をはかせるとか長靴を磨くなんてまっぴらだ」(Barnet 185) というと、イヒーニオはモンテホの目をじっと見て、何もいわなかったというが、結果は特別歩哨任務一五日間という、一晩中寝ないで警備する過酷な刑罰となった。おまけに、モンテホの個人所有の飼い馬が、手綱や鞍まで一式、新しい混血の付き人のために取りあげられてしまった。その後モンテホはイヒーニオとは一切口をきかなかったという。

モンテホは指導者のホセ・マルティについては「タンパ出身の愛国者で、キューバで一番りっぱな人物」(Barnet 106) と評価しているが、ゴメスについては「一度も信用したことはない。その証拠は、かなり経ってから明らかになるだろう」(Barnet 160) と述べている。これは、モンテホが「自分はとても信頼している」(Barnet 164) と語るバンデラ (Quintín Bandera) 将軍を軍法会議にかけたことを指しているのだと思われる。バンデラは黒人で、ゴメスは白人であり、白人カデトを殺したのは黒人だと噂されているとか、モンテホが付き人を命じられるなどの事実にも、独立戦争内部にあった人種問題を窺うことができる。

(五) 軍職をはく奪された黒人将軍のバンデラ

フェレール (Ada Ferrer) による、バンデラの告発についての研究を参照してみたい。バンデラは一八五〇年代に行われた反スペイン内乱に始まり、その後の植民地闘争を闘ってきた有名な黒人反乱軍闘士であり、解放軍では将軍となっていた。戦争終結の時にはアントニオとホセのマセオ兄弟らの非白人の指導者が亡くなっており、唯一生き残った黒人指導者であった。だが、バンデラはゴメスにより、一八九七年に職務を剥奪され、軍法会議にかけるために、西部の任地から東部のサンティアゴ・デ・クーバに送還されている。

一八九五年に、ゴメス、マセオとともに西部へ進軍したバンデラが、全員黒人の部隊を率いてスペインの要塞を突破して二度目に西部へ赴いてきた時、最高司令官ゴメスは歓迎していたのだが、その四ヵ月後に処分が下されている。バンデラは、「ラス・ビジャスの指導者の多数は、黒人の指揮下に置かれたくなかったのだろう」(Ferrer 670) と、人種的な陰謀であると解釈している。軍法会議の資料によると、敵との出会いを避け、戦闘を行おうとせず、トリニダー近くの丘に快適に暮らし、三ヵ月だけですぐに東部へ戻ると兵士に告げており、愛人を連れて、兵士に警備させていたといった内容で、「不服従、反抗、扇動、不道徳」(Ferrer 671) と四つの罪が問われている。バンデラは、戦闘の指示を与えられなかった、弾薬や靴の支給も受けることができず、地元の兵士のみが優遇されていたというように、地域主義と人種主義を告発者の側に見出している。フェレールによれば、両者の結びつきは根拠のあることで、東部でもとくにバンデラの出身地域である南東沿岸地区は、当時白人は三七・七%、一方ラス・ビジャスでは六八・七%という差があったという (Ferrer 674)。

三つの反植民地の蜂起は、すべて東部から始まった。東部は実際、ほとんどの反乱運動の著名な非白人指導者の故郷であった。バンデラ、マセオ兄弟、フロルとエミリアノ・クロンベ (Flor & Emiliano Crombet)、ギジェルモ・モンカダ (Guillermo Moncada)、イエス・ラビ (Jesús Rabí)、アグスティン・セブレコ (Agustín Cebreco)、その他大勢である。東部はそれ故ある程度黒人の政治的軍事的力と結びついていた。キューバの他のどの地域より、多人種的な形態の民族主義的反乱を強く求めていた。(Ferrer 675)

さらに、同じ非白人であっても、バンデラの軍は告発前から、無法者や怠け者の集団として、ホセ・マセオなどからも非難されていた。アントニオ・マセオは肌の色の薄い、教育ある人物であり、フロル・クロンベはハイチから逃れてきた奴隷所有の混血の一家で、英語とフランス語が堪能でヨーロッパの歴史や政治に詳しかった。一方で、ギジェルモ・モンカダはほとんど教育を受けていない、肌の色の黒い人物で、初めは残酷な人種差別主義者と評されていたが、バンデラと対照的に「善良で信頼できる」(Ferrer 677) という評価をうけるようになった。

この点について、道徳や人格についてのヨーロッパ的価値観がバンデラ追放に大きく関わっているとフェレールは指摘している。バンデラは、戦地に女性を連れてくることは、慣例であると堂々と主張している。実際そうした場合はよくあるのだが、公然と行うことは控えられている。バンデラは指導者としての品性を疑われたのである。

モンテホは結婚をしないで多くの女性としばらく一緒に暮らし、また別れている。「女性はすばらしい。実をいうと人生で一番楽しんだのは女たちとのつき合いだった」(Barnet 68)、「正式な結婚でないほうがうまくいく」、「気楽な男たちはいつもそうしたタイプの結婚を選んだ」(Barnet 97) などと、自分の人生における女性の重要性を公然と、繰り返し語っている。モンテホが中産階級的なキリスト教的結婚観をもっていないからといって、人格的に不道徳な人物だと非難したなら、あまりにも的外れである。バンデラに対する弾劾も同様で、フェレールは支配階級のエリートたちは、自分たちの下層大衆への偏見に気づかず、指導者としてのバンデラを文化的に受け入れられなかったのだろうと解釈している。

戦後バンデラはゴミの収集や石鹸の見本を配布するなどの仕事をし、一九〇六年に共和国最初の大統領に対する武装蜂起の企てに加わり、その時に元解放軍の白人兵士により暗殺された。死後一〇年後に功績を称えようという動きがあったのだが、ハバナ市長が強硬に反対したという。モンテホはバンデラについて次のように語っている。

私ならバンデラの胸像を一〇体作るだろう。一つの戦闘に対して一体だ。彼はそれに値する。マル・ティエンポで彼はカナリア諸島の全部隊を一掃した。私はバンデラ自身があのスペイン人の半分を倒したと思う。(Barnet 165)

モンテホ自身も足に銃弾を受けた傷を負っただけで、無一文で戦争から帰還した。「戦争が終わった時、黒人は戦ったのかという話が出回った。私は九五%の黒人が戦ったことを知っている。すると、アメリカ人たちは七五%程度だったといい始めた。誰もこうした言葉に反論しない。結果として黒人は路上に放り出されてしまった。勇敢な男たちが野蛮人のように道路に投げ出された。それは間違っているが、それが実際に起きたことである」(Barnet 194)。バンデラも亡くなった時にはまた新たな反乱に加わっていたというが、本書の最後にモンテホは、「だから私は死にたくないというのである。これから来るかもしれない戦いのすべてを戦えるように」(Barnet 200)。不当な圧迫を受けたら、それを打ち破ろうとする不屈の闘志、抵抗の精神が、二人のキューバ人の中に育まれていたことは間違いない。

五．モンテホの生きた豊かなキューバの文化

奴隷制時代の生活について、モンテホは「不思議に思われるかもしれないが、黒人たちにはバラコンでも楽しみがあった」（Barnet 26–27）と述べている。人びとの遊びについて、離れたところから石を投げて、半分に切ったとうもろこしの上のコインを落として競うテホというゲーム、木製のボールを転がして、瓶の形をした四－五本の棒を倒す、ボーリングという賭けゲーム、太鼓と歌で聖なる霊を呼び出し、薬草ととうもろこしのわらの入った壺に、墓場の土を投げ入れながら主人に禍あれなどと祈る、マヨンベという黒魔術的な儀式などを紹介している。賭けゲームでは喧嘩が絶えず、禁止されている場合も多かったという。

製糖工場の周りには「森のダニ以上に多くの酒場があった」（Barnet 28）。奴隷たちは昼間、あるいは時には夕方も出かけることができたが、農園によっては行くことが禁止されていた。ラム酒を飲みに行く所であるが、米、干し牛肉、ラード、豆、小麦でできた甘いお菓子など何でも売っており、つけで買うことができたという。人びとは酒場でも卑猥なゲームや賭けトランプに興じ、白人も遊びに加わっていた（Barnet 29）。

カトリック教徒のスペイン人は安息日を守るので、「日曜日は農園が一番騒々しい日だった。どこで奴隷たちがそのエネルギーを見つけるのか私にはわからない」（Barnet 30）とモンテホは述べている。日曜日には、川での水浴び、歯磨き、散髪、純金のイヤリングや銀のブレスレットなどの装飾品を身に着けたり、革製のブーツなどのおしゃれも行われた（Barnet 32）。

モンテホが一番よく覚えているのはユカというペアで踊るダンスで、三つの太鼓と、黒人が自分たちで作ったというカタと呼ぶ中をくりぬいた杉の幹二本を二本の棒で叩く楽器で演奏し、あまりすばやい動きなので鳥のように飛びそうに見えたり、腰に手をあてて小さくジャンプしたりする踊り手を、皆が歌って盛り上げるという踊りであった（Barnet 31）。

マニという踊りは真剣な殴り合いによる、賭けごとでもあった。四〇人か五〇人の男性が輪になり、互いにひっぱたいて、叩かれた者がダンスをする。女たちは手拍子をするが、時には倒れた男が立ち上がらないので、怯えて叫び声をあげたという「残酷なゲーム」（Barnet 31）で、農園によっては主人たちも賭けに加わったというが、仕事ができなくなることのないように、あまりひどく叩くことは禁止されていたという。

ほかに「フランス・ダンス」と呼ばれていた踊り、柳で作り、穴から「墓からの声」のような音の出るマリンブラという楽器、白人農夫たちが作ったギターだけを使う音楽、コンゴ人やルクミ人のさまざまな宗教的儀式や呪術、カトリックの教理問答書に一字一句従う奴隷がいた、などのことが語られている。

六．カリブの自然の中での生活

「多くの奴隷たちを救ったのは、小さな庭（コヌコ）であった」(Barnet 25)、「ほとんどすべての奴隷が自分たちのコヌコ」をもっており、「それらが真の滋養を奴隷たちに与えた」(Barnet 25) とモンテホは語っている。バラコンのすぐ後ろにある土地に、アメリカが原産地であるさつまいも、とうもろこし、じゃがいも、タピオカ、ライマメ、ピーナツ、アフリカ原産のスコッシュ、オクラ、そら豆など、あらゆるものを植え、さらに子豚を飼っていたという (Barnet 26)。豚肉やラードをはじめとして生産物を農民（グワヒーロ）に売って、お金を稼いでいたが、芋類は栄養価が高いので売りたがらなかった。コロンブスがカナリア諸島からもちこんだサトウキビを、商品作物として金銭を得るために育てていた大農園主たちと違って、農園で働く奴隷たちは、カリブの自然が育む農作物を食べ、直接にその恩恵の中で生活していたのである。

逃亡生活についてモンテホは、野生の「テンジクネズミはもっとも健康的な食べ物である。ただし芋類が骨には一番よいので、毎日芋を、とくにタロイモを食べれば、骨が痛むことはない。森にはたくさんの野生の芋がある」(Barnet 50)、「森の草の葉のどれもが役に立つ」、虫さされにはたばこや桑の葉、骨の痛みにはローズマリーの葉を煎じたものを使い、目を洗うためにイタモの葉に露を集め、オニトゲココヤシの葉で葉巻を作り、グアニナの葉でコーヒーの代わりを作り、それに野生の「蜂蜜を加えると、コーヒーが体に力を与える」（Barnet 51）などと、自然の恩恵や、さまざまな処方について語っている。「森で生活をするといつも強くなる。弱くなるのは町の生活が原因であり、人びとはラードを見ると夢中になるからだ」（Barnet 51）。モンテホは「健康によい」ことにいつも気を使っており、キューバの自然の恵みを受けてマイペースで暮らし、長生きした点でも、長寿国キューバの伝統の担い手といえる。「あの水は今のどんな薬よりも体によかった。あれは自然のものだった」（Barnet 51）と逃亡中に飲んだ川や泉の水という自然の滋養性を、モンテホは高く評価している。

キューバの薬草を利用した医療はアフリカから受け継がれてきた知識で、黒人の乳母たちは「薬草と水薬であらゆるものを治した」（Barnet 38）し、ほかにも手作りの治療法で治療してくれる魔女的医療師のような人がいたという。「自然は治療薬で満ちている。どんな植物も治療になる」（Barnet 99）と、モンテホは自然の力を確信している。奴隷制廃止以後に働いていた、嫌っていたサトウキビ畑での作業さえ、「私の腕はマストのようだった。あらゆることに反して、サトウキビ畑の太陽はいいものだった。私がこんなに長生きした理由がそこにあるのだ」（Barnet 79）と述べている個所も見られる。このように自然の中で生きたモンテホのような人びとは、カリブの地理や気候を身近に意識し、カリブ人としての感性を育んでいったと思われる。

文化人類学者シドニー・ミンツ（Sidney W. Mintz）は、ジャマイカの研究において、「奴隷農園の運営の枠の中」（Mintz 153）で、奴隷たちが自分たちの食糧を自給させられたために、「小農民制の原型」(Mintz 147)となったこと、またそうした産物を市場で売り、「市場経済」(Mintz 150)も育んできたことを指摘している。カリブ社会の形成主体としての奴隷の日常生活は、モンテホの語るキューバの場合もほぼ同様であろう。ミンツはまた、「食」は奴隷の「自由」であり、すべてを奪われていた人びとの「全人的な行為として、いかにして自らの生を再建していったのか」(Mintz 217)にかかわる重要な問題で、「非自由人だった奴隷の意識のなかで、食べ物がもっていた意味を理解するのは、とても大切だと私は思う」(Mintz 204)と述べている。モンテホの食の好みには、人間的な主体としての自由な生への希求がこめられているといえる。

七．カリブの自然破壊の目撃者

奴隷制廃止後、山を下りて最初にプリオと呼ばれる製糖工場で働き、そこで同じ生活に飽きて、丘を抜けて南へ行きスルエタのそばのサン・アグスティン・アリオサ・セントラル製糖工場に行った。そこで長い間働いたといっている。そこでは「進歩は驚くほど」で「機械が一度に動くのを見て、私は感服した。ひとりでに動いているように見えた」、機械はスペイン製ではなく、「イギリスとアメリカのものであった」(Barnet 101)とモンテホは語っているが、第一次独立戦争の後、不況から立ち上がることになる砂糖革命の第二波の変化を、モンテホは目撃していたのである。

社会学者アヤラ（César J. Ayala）の研究によると、戦後落ち込んでいたキューバの砂糖生産は、一八九二年には一〇〇万トンを超え、過去最高に上がった（Ayala 95）。アメリカの砂糖への需要が増え、関税に優遇措置が取られたという背景がある。四節（三）の「無法者たちとの出会い」で紹介してきたように、アメリカからの資本が入り、近代的な設備を備えた「セントラル」という製糖工場が生まれ、砂糖産業と砂糖農業が分離して、従来の農園主はセントラル工場の所有者か、セントラルの契約小作「コローノ」へと二分される構造の変化が生じた。新たな土地を求めて進出したので、砂糖生産の中心も、六州のうちのマタンサスから東のサンタ・クララへと移っていった。

第二次独立戦争が終わった時も破壊により、製糖工場は五分の一しか機能していなかった（Ayala 97）。だが一九〇三年にはアメリカが輸入税を二〇％減らす優遇措置を取り、ユナイテッド・フルーツ会社などの巨大アメリカ企業が砂糖産業に参入するなど、第一次大戦前には、キューバの砂糖生産は、二七六万五〇〇〇トンに達した（Ayala 99）。統計によると作物高は増えていないので、絞る機械の発達や品種の改良などで、効率が高くなったためだと思われる（Ayala 104-105）。

このようにセントラルが発展していく過程で、モンテホの知っていた自然の多くが失われた。「サトウキビ熱が到着し、人びとはキューバにほとんど森を残さなかった。木々は根から切り倒された。マホガニー、杉、インジゴの木を採っていった。いや森全体が切り倒された。それは独立後のことだ。今ラス・ビジャスの北に出かける人はおそらく、『このあたりにはまったく森がないね』というだろう。だが私が逃亡奴隷だった時、人はそこで怖いと思ったほどだった。それはジャングルのように密生していた」（Barnet 102）。こうしたキューバの豊かな自然へのアメリカ資本の侵略に対して、キューバの人びとはさらに革命戦争を戦わなければならなかった。
第一次大戦が勃発すると、ヨーロッパの甜菜の収穫ができなくなり、砂糖の市場価格は急騰し、キューバに砂糖ブームがやってきた。アメリカ資本が大量にキューバに流れ込み、一九一九年には「六億ドル相当の砂糖生産の装備の四〇%から五〇%」(Ayala 110) をアメリカ市民が所有していると、ナショナル・シティ銀行が宣伝するほどの投資がなされた。そうした砂糖の高騰は、大戦後には長く続かず、一九二一年には価格は暴落する。キューバ経済が危機を迎える中で、アメリカ企業は一九二五年には「キューバの砂糖生産の三分の二」(Ayala 122) を握るまでになっていたと、アヤラは結論している。

八. 語り手の人物像

モンテホは自分についていくつかのことを繰り返し語っている。口承文学の利点が生かされており、読者は何度も語られる内容に耳を傾けるうちに、自然に語り手の性格を理解し、その人間性に親しみを感じるようになる。モンテホは自分の好き嫌いについてよく語るのだが、まず、冒頭の段落に現れる言葉から取り上げてみたい。

私は奴隷の間、上を見上げて多くの時間を過ごしたことを以前から記憶している。なぜなら

私はいつも空が本当に好きだったからである――とても色彩にあふれているから。(Barnet 17)

ほかに、「私は奴隷の間たくさんの恐ろしい罰を見た。それがあの生活を嫌う理由だ」(Barnet 39)、「私は少しずつ森を知るようになった。そして森を好きになっていった。時々私は自分が逃亡奴隷であることを忘れてしまい、口笛を吹き始めるのだった」(Barnet 47)、「実は私は逃亡奴隷として、よい生活をしていた。ひそかに隠れて、とても心地よかった。…長い間誰とも一言も話さなかった。私はその静けさが好きだった」(Barnet 48) というような好みから、モンテホの人柄が理解できるように思われる。

モンテホはまた、孤独な逃亡生活の中で、自然の生物との関係を楽しんでいることがわかる。「私がよく覚えているのは森の鳥たちのことだ」(Barnet 53)、最初は恐れをいだいたが、声に慣れてくると、「鳥たちが私のために見張りをしてくれていると私は本当に思った」(Barnet 53)、「跳ね回っているかのように『コーコ、コーコ』と歌うのでトコロロが好きだった」(Barnet 54)、「私は森で木とともに暮らすことにも慣れた」(Barnet 54)、大きな白い葉をもつ木は「夜は鳥のように聞こえ」、「ウー、ウー、ウィウィ」と音をたてるので、「私の意見ではあの木は語っていたのだ」(Barnet 54)。

モンテホは白人農夫たちが、黒人たちとは違うダンスに興じ、日曜は晴着を着て過ごす姿を遠くから眺め、人が想像する以上に当時の彼らは裕福だったと述べているが、こう付け加える。「私は逃亡奴隷の方が農夫たちよりよい暮らしをしていたと思う。逃亡奴隷の方がもっと自由だった」

(Barnet 49)。逃亡奴隷は半分野生の暮らしで、自分で獲物をとったのだが、テンジクネズミはすばやくて稲妻のように速い足でなければ捕まえられないが、「私はいぶしたテンジクネズミがとても好きだった」(Barnet 49)、「生涯ずっと森が好きだった」(Barnet 56)、「私はいつも一人が好きだった。自慢やつまらない噂話はなんの役にも立たない。私は何年も誰とも話さないで過ごしてきた」(Barnet 57)、「いたるところ羨望や嫉妬だ。だから私は一人の生活が好きだ」(Barnet 144) と、逃亡生活をいとおし気に振り返っている。

前に触れたように、女性が好きなことにもよく触れて、「あらゆる肌の色の女性たちと出会った」(Barnet 97)、解放後、長い間働いたアリオサ・セントラル製糖工場で「私が関係した女性たちすべてを数えたら、とてもたくさんの子どもたちがいてもよかっただろうが、一人にも会わなかった」(Barnet 98) と語っている。

戦争が終わり、軍隊がハバナへ帰って行った時、都会の穏やかで快適な生活を多くの人が望んだが、モンテホは田舎へ戻った。ラス・ビジャスへ行く船に乗ったのである。「ラス・ビジャスはキューバで一番いいところだし、私はそこで生まれたのだから…」(Barnet 199)。奴隷解放後山から下りた時も、モンテホはその地域で働くことに決めており、その理由を「私はラス・ビジャス北部の全域をかなりよく知っている。そこはキューバでもっとも美しいところである」(Barnet 61) と述べている。一六世紀のスペインのドミニコ会修道士で歴史家のバートロメ・ド・ラス・カサス (Bartolomé de las Casas, 1474?-1566) によれば、一四九二年一〇月二八日にキューバに到達したコロンブスは、この陸地に「フアナ」という名をつけ、「こんなに美しい景色を見たことがない」と述べたという。モンテホもそうしたキューバの美しさを享受した一人であることがわかる。現在ではビラ・クララ州と呼ばれるラス・ビジャス地区は、初期の頃には牧畜が行われていたが、二回目の砂糖革命と呼ばれる近代化と資本の集中のために、一九九〇年代末に半数以上の工場が閉鎖された後も、キューバ最大の砂糖生産を誇る地域であった。逃亡奴隷として過ごした自由な空間と時間を与えてくれたキューバの自然は、モンテホにとってかけがえのない故郷となり、愛する場所になったのだと思われる。また、その自由を奪う奴隷制や圧制への怒り、向かっていく闘志もそこで育まれたのだと思われる。モンテホもまた、生粋のカリブ人の一人であるといえる。

第五章

黒人問題を国際的に捉えた
クロード・マッケイ（ジャマイカ出身）

――ハーレム・ルネサンスの時代にトランスナショナルな黒人民族主義の運動に貢献――

クロード・マッケイ（Claude McKay, 1889–1948）はアメリカのハーレムを中心にして黒人文化が隆盛し、「ハーレム・ルネサンス」と呼ばれた第一次大戦後（1918）から一九三〇年代半ば頃までの時期に活躍した作家の一人として有名である。ハーレムは当時多民族の集まる国際都市として急速に膨張しつつあったニューヨークの一角に、黒人居住区として発展していった。アメリカ南部からアフリカ系アメリカ人も多く移動してきたが、カリブからの移民も多く、一九三〇年にはニューヨークの黒人の四分の一近くはカリブ出身者が占めていた（W. James 12）。とくにハーレム・ルネサンス期の黒人民族主義的左翼思想の高まりに際立った貢献をしたのが、マッケイを含む、カリブからの移民であった。本章では、トランスナショナルな黒人文化の繁栄と民族主義運動の展開に、カリブ出身の人びとがどのように関与したのか、マッケイを中心に考察していく。

一．アメリカのハーレム・ルネサンス時代を築いたカリブ人たち

批評家ウィンストン・ジェームズ（Winston James）は、二〇世紀初頭のアメリカにおけるカリブ左翼思想を論じた研究書の中で、「二〇世紀アメリカ急進主義のもっとも興味深い社会的歴史的事実の一つは、参加者の中でカリブ移住者が目立ち、またその多くがきわめて優れていたことである」（W. James 1）と述べている。マッケイのほかに、すべての民族の平等を説き、大規模なアフリカ帰還運動を展開したマーカス・ガーヴェイ（Marcus Garvey, 1887–1940）（ジャマイカ）、黒人歴史と政治

の権威でニューヨークの街頭演説で知られ、「ハーレム急進主義の父」と呼ばれるヒューバート・ハリソン（Hubert H. Harrison, 1883–1927）（セント・クロイ）、一九一八年に月刊誌『クルセイダ』（*Crusader*）を創刊し、ヒースウッド（後述）、ドミンゴ（後述）、マッケイなどカリブ出身の左翼が集まったアフリカ血統友愛会（ABB: the African Blood Brotherhood）を組織したシリル・ブリッグズ（Cyril V. Briggs, 1888–1966）（ネヴィス、セント・キッツ）、一九二〇年に週刊誌『解放論者』（*Emancipator*）を創刊したウィルフレッド・ドミンゴ（Wilfred A. Domingo, 1889–1968）（ジャマイカ）、一九一六年社会党の、一九一九年の分裂後にはアメリカ共産党の最初の黒人メンバーとなったオットー・ヒースウッド（Otto Huiswould, 1893–1961）（オランダ領ギアナ［現スリナム］）、一九二九年コミンテルンに招かれ、一九三〇年黒人労働者国際貿易労働組合（ITUC-NW）の書記となり、同年ハンブルクで開かれた黒人労働者第一回国際会議の計画に携わり、その後アメリカへの入国を認められなかったジョージ・パドモア（George Padmore, 1901–1959）（トリニダード・トバゴ）、ガーヴェイの機関紙の編集に携わり、グッゲンハイム賞など三賞を受賞した文学者エリック・ウォルロンド（Eric Walrond, 1898–1966）（英領ギアナ、バルバドス、パナマ）、プエルトリコとキューバの独立運動に関わった歴史家で黒人関係の文献を収集し、ニューヨーク市立図書館に貴重なコレクションの残るアルトゥーロ・ションバーグ（Arturo Schomburg, 1874–1938）（プエルトリコ）、などの名前が挙げられる。カリブ出身者が国際的な労働組合、社会主義、共産主義、民族主義の運動や急進的雑誌の中心的担い手であったことは明らかであり、小地域でありながらカリブのもっていたパワーを感じさせる。

アメリカ学研究者であるスティーブンズ（Michelle A. Stephens）は、ハーレム・ルネサンス期のカリブ系移民グループが「トランスナショナルな政治的文化的な黒人の集団的アイデンティティの概念」（Stephens 598）を生み出そうと苦闘したと指摘し、その中核としてシリル・ブリッグズ、マーカス・ガーヴェイ、クロード・マッケイの三人を挙げている。「カリブ共産主義集団の中でおそらく、もっとも戦闘的」（Parascandola 199）と評されるブリッグズは、第一次大戦後、一九一九年に開かれたベルサイユでの平和会議において提案された国際連盟が、そのメンバーを国家のみと限定し、「もっとも自決権と帝国主義からの国際的保護を必要としている民族、すなわち黒人の被植民者たちを排除」（Stephens 599）したことに反発した。また、W・E・B・デュボイス（W.E.B. DuBois, 1868–1963）が提唱して同年春にベルサイユ平和会議の一部として認められ、二月一九－二一日まで一五の国や植民地から五七人が参加した二度目の「汎アフリカ会議」（Stovall 34）を、「妥協と追従」（Parascandola 204）にすぎないと痛烈に批判した。平和会議の代表として会議に派遣された他の黒人たちは参加を認められなかったにもかかわらず、デュボイスはパスポートを発行されたと憤っている（Parascandola 204）。

ブリッグズの関心は、もう一つの国際運動、一九一七年にロシア革命を成就させたボルシェビキによるプロレタリア国際運動の呼びかけへと向けられ、あらゆる黒人組織を統合し、国際的な黒人政府を形成するという連合（the Federation）の構想に至った。一九二一年のＡＢＢの会議でこの取り組みをどう大衆に広めていくかを議論したが、その会議にはマッケイも出席していたという

(Stephens 599–600)。スティーブンズはこのブリッグズの「連邦計画」が、のちに一九三〇年代、四〇年代に主要人物四人、リチャード・B・ムア(Richard B. Moore)、C・L・R・ジェームズ、ドミニカのフィリス・シャンド・オールフリー(Phyllis Shand Allfrey)、エリック・ウィリアムズにより構想された英領カリブの団結である、西インド連合の発想に引き継がれていったのではないかと、付言している(Stephens 607 n19)。

二、全世界の黒人に広がったマーカス・ガーヴェイのＵＮＩＡとアフリカ帰還運動

ハーレム・ルネサンスの時代にカリブ出身の活動家の中でもっとも際立った活躍をしたのは、マッケイと同じくジャマイカ出身で、一九一六年にニューヨークへやってきたマーカス・ガーヴェイである。ブレイズデル(Bob Blaisdell)やパラスキャンドラ(Louis Parascandola)による紹介から、およそ以下のような経歴が窺われる。労働者階級の家に生まれたガーヴェイは、一四歳で印刷業者の見習いとなり、ストライキに加わって解雇されて以来、労働運動に関わり続け、一九一一年コスタリカへ、その後中央アメリカを回り、パナマで編集の仕事をして帰国し、一九一二年にイギリスに渡った。主要な汎アフリカ誌(*Africa Times and Orient Review*)で働くという経験を経て、一九一四年に帰国し、ジャマイカで黒人の誇りと団結を説くＵＮＩＡ(the Universal Negro Improvement Association and the African Communities League)を結成した。アメリカで大規模に発展する活動を始

めるまでに、海外のさまざまな地域で政治的な出版などに携わり、広い経験を下地としていたことがわかる。ジャマイカでは中産階級の人びとからの反発が強く、二年後にアメリカに渡った。その理由は、イギリスで知った、アメリカで黒人大衆の経済的自立を推進するために尽力したブッカー・T・ワシントン（Booker T. Washington, 1856–1915）の自伝、『奴隷より立ち上がりて』（*Up from Slavery*, 1901）から強い感銘を受けて、その支援を頼ったからであるが、ワシントンは亡くなってしまう。

当時のアメリカは第一次大戦から帰還した黒人兵が、リンチや人種暴動などのひどい差別に直面していた。命を賭けて祖国のために戦い、新たな誇りをもって帰ってきた黒人の社会進出を、白人労働者が恐れたためである。ハーレム・ルネサンスの民族主義はこうした反動への抵抗として育まれた。歴史研究者ストーヴァル（Tyler Stovall）は、第一次大戦が人種的誇りの高まりと差別への抵抗を示すために用いられた「新しい黒人」という用語を生み出したと論じている（Stovall 28）。第一次大戦には四〇万人以上のアフリカ系アメリカ人が入隊し、そのおよそ半数はフランスが任地（Stovall 5）で、その八〇％にあたる一六万人は兵士でなく労役であったという（Stovall 7）。こうした海外体験がもたらした影響について、文学研究者ファラン（Mark Whalan）は「アメリカのような社会的、性的な人種分離のない国［フランス］への、中間航路時代以降最大となる黒人たちの大西洋横断の移動は、フランス、白人南部、黒人アメリカに於て永続的な遺産を残した」（Whalan 776）と述べている。祖国での冷遇と対照的に、ニューヨークの三六九歩兵連隊はその活躍によって一九一八年にフランスから、フランス軍最高の「軍功賞」を授与された。パリ体験は、アフリカ系アメリカ人の視野を広げ、また他方でパリにジャズをはじめとした黒人文化の大流行を引き起こしたのである。

ガーヴェイはアメリカに来てから、平等な社会を実現する難しさを知って、分離主義の方向へと向かい、アフリカ帰還運動を展開した。黒人自身が治める国を作るためにアフリカへ集団で移住する計画を立て、蒸気船を運航させようと、一口五ドルの出資者を募るブラック・スター・ライン会社(the Black Star Shipping Line, 1919–1923)を立ち上げる。雄弁で知られる演説と新聞［後述］によってガーヴェイは支持者を増やし、やがて軍服を着てオープン・カーに乗ったガーヴェイ一行と、ともに行進するUNIAメンバーの人びとによる派手なパレードは、当時のハーレムの風物詩となった。

ガーヴェイの週刊新聞『ニグロ・ワールド』(*The Negro World*, 1918–1933)には多様な言語の記事が掲載されていて(Wall 68)、一九二二年までにはアフリカの多くで公的に禁止されるか、厳密な統制を受けるようになった(Ewing 165)。アフリカを支配するヨーロッパにおいても脅威となり、抑圧された。一九二〇年八月、ニューヨークで開かれたUNIA主催の三〇日に及ぶ「第一回世界黒人会議」には世界中から二万五〇〇〇人が集まり、黒人問題を論じた(Clarke 21)。マッケイは一九二二年に『解放者』(*Liberator*)に掲載した論説の中で、ブラック・スター・ラインの事業は「世界中の黒人に衝撃的な影響」を与え、六万部流通する『ニグロ・ワールド』の通信欄には「アフリカへの強い愛を寄せる世界中からの手紙」(Mckay ⑥ 68)が見られると述べている。アフリカとアメリカを結ぶ黒人民族主義が、カリブ人によって世界規模に展開されたのである。ガーヴェイは「私は世界中を広く旅して、我われ黒人民族の経済的、商業的、産業的な必要性を真剣に研究してきて、それらの人びとに到達するもっとも迅速かつ容易な方法は、蒸気船によるコミュニケーションであることを発見した」(Stephens 600)[2]と述べている。ブラック・スター・ライン構想は、文字通り世界に離散した黒人を空間的、時間的に結びつけようとする「トランスナショナルなネットワーク」(Stephens 601)として意図されたことがわかる。

ガーヴェイの活躍は長く続かなかった。一九一九年からＦＢＩに目をつけられていたガーヴェイは、一九二五年にアメリカ政府から出資者に対する郵便詐欺を働いたと訴えられ、五年の刑で服役し、一九二七年に強制送還され、ジャマイカに帰った。その後『ブラック・マン』という新聞を発行したり、活動を続けようとしたが、一九四〇年にロンドンで病気のため亡くなった。一九二〇年代前半に隆盛を極めたガーヴェイの運動は、あっけなく消滅したのである。けれども死後、ガーヴェイの信念はジャマイカのラスタファリ思想へと変貌し、よみがえる。カリブに生きる人びとが経験を共有し、受け継ぎ、西洋支配への抵抗の伝統を築いていることがわかる。

カリブは小さな地域であり、生活のために、また活動の場を求めて、外へ出ていくが、どこへ行ってもそこでカリブ人は移民であり、マイノリティである。アメリカで成功したガーヴェイの運動も、支持者が増えた巨大な集団を組織として運営していく人材までは確保できなかった。単独の采配によるため個人崇拝的な側面があり、対立する人物や組織に激しく敵対する暴力性もあり、社会的に非難の対象とされた(Blaisdell vii)。また、一貫した民族主義、民族自治の思想をファシズムであると批判され、アフリカ系アメリカ人の最大の組織である全国黒人向上協会（NAACP）の指導者W・E・B・デュボイスは、「アメリカで、また世界で、もっとも危険な黒人の敵」（DuBois ① 8）と非難した。ガーヴェイはまた、財政には無頓着であり、会計処理などの運営に十分気を配ることができず、そこを法的に突かれたのである。

三　マッケイの生涯とおもな活動

クーパー（Wayne Cooper）やティラリー（Tyrone Tillery）による伝記、マックスウェル（William Maxwell）による全詩集の序論などを参照して、以下、マッケイの経歴を紹介する。マッケイは一九二二年にニューヨークを離れ、その後一九三四年までヨーロッパにいたので、ガーヴェイと直接の接点は少なかったが、黒人社会にガーヴェイのもたらした大きな影響については、よく言及している。貧しい家出身のガーヴェイとは異なり、マッケイはジャマイカ中部の小さな村に、裕福な農家の末っ子として生まれた。両親は熱心なバプティストであったが、長兄、ユリア・スィオフィラス（Uriah Theophilus）は自由思想の持ち主で、マッケイは一八九七年頃、故郷を離れ、近隣の町のグラマースクールの教師となっていたその兄のもとで学ぶことになり、文学や進化論などに関心をもつようになった。四年ほどで故郷へ戻り、卒業後は職業学校へ行くために奨学金を得るが、一九〇六年キングストンで一六九六年以来という大地震に遭遇し、学校も崩壊したため、近隣の町で車輪・箪笥作りの見習いとなり、二年間働いた。その間に、イギリスの文人でジャマイカの民謡や民話収集に打ち込んでいたウォルター・ジキル（Walter Jekyll, 1849–1929）と出会い、詩を認められる。ジキルはスティーヴンソンのあの有名な小説のキャラクターに名前を借用された人物である。

一九〇九年に母の病気が悪化し、故郷に帰った。母親が亡くなると、厳しい父を避け、一九一〇年キングストンに出て、警察官となる。ジキルにこれまで書いた人はいないと勧められて方言を使って詩を書き始め、一九一二年、方言詩集『ジャマイカの歌』（*Songs of Jamaica*）と『警官バラード』（*Constab Ballads*）を出版する。同年、故郷で農業に従事することに決め、ブッカー・T・ワシントンが創設したアラバマ州タスキーギ大学で学ぶためにアメリカに渡った。だが、南部で厳しい人種差別を経験して逃れ、半年でカンザス州立大学へ移り、二年間滞在した。

一九一四年にイギリス人の篤志家に詩を評価され、数千ドルを得てニューヨークへ渡る。恋人を呼び寄せて結婚し、レストランを開くが、ともに半年で破綻し、妻は帰国して娘を出産した。その後マッケイはジャマイカへ帰ることも娘と会うこともなかった。アメリカで港湾労働者、ポーター、食堂車の給仕などの労働を通して、しだいに左翼思想へ向かっていった。一九一九年は、第一次大戦の黒人帰還兵への反発から二五都市において人種暴動が起きて、流血のレッド・サマーと呼ばれたが、その年に戦闘的な詩「死なねばならないなら」（If We Must Die）などを『解放者』に掲載した。編集者のマックス・イーストマン（Max Eastman）と親しくなり、グリニッジ・ヴィレッジの白人文人サークルに加わった。

同年、マッケイの詩を愛する二人のイギリス人からヨーロッパ渡航の申し出を受け、ロンドンへ渡り、イギリスの左翼運動に関わる。ヨーロッパの左翼思想家の話を聞き、マルクスの著作を読み、共産主義の週刊誌に関わったが、弾圧に巻き込まれる危険が迫り、出国する。

一九二一年ニューヨークへ戻り、六ヵ月間『解放者』の共同編集者となり、カリブ出身の左翼活動家たちをはじめ、全国黒人向上協会などの黒人知識層とも知り合い、ハーレムでも中心人物の一人となった。一九二二年に革命後のロシアを見たいと決意し、マックス・イーストマン、ジェームズ・ウェルドン・ジョンソン（James Weldon Johnson）らの支援を受け、商船の火夫としてロンドンまで行き、左翼活動家の伝手を辿り、ドイツ経由でロシアへ渡った。そこで第三インターナショナル（コミンテルン）の第四回大会に参加し、正式なアメリカからの代表ではなかったにもかかわらず、肌の色の黒さで注目され、「アメリカの黒人」について報告した。

一九二三年、創作に専念したいという強い思いを抱き、ロシアからドイツへ戻り、その後パリへ行き、スタジオのヌードモデルなどをしていたが、ジョン・リード（John Reed）未亡人、ルイーズ・ブライアント（Louise Bryant）の援助を受け、ロシアから患っていた病気治療のため入院する。一九二五年、フランスのトゥーロンで最初の小説（*Color Scheme*）を書くが、出版できず、書き直して、アンティーブで『ハーレム帰還』（*Home to Harlem*, 1927）を仕上げる。アンティーブへ行く前の一九二六年の夏にはマルセイユにいたが、アンティーブからマルセイユへ帰ってから、二作目の小説『バンジョー』（*Banjo: A Story without a Plot*, 1929）を書き始めた（McKay ① 288）。一九二九年ドイツ、スペイン、北アフリカへ出かけ、一九三一年モロッコのタンジェに落ち着く。この放浪は自由意志による一方で、アメリカのＦＢＩやフランス、イギリス政府に監視され、行動を制限されていたためでもあったと、マックスウェルは述べている（Maxwell ① 174–175）。ジャマイカへ生涯帰れなかったことも、イギリス政府の監視によると推測される（Maxwell ② xvii）。

アメリカに帰るより、アフリカに行きたかったのだが（McKay ① 323）、モロッコでも拘束され、また監視され、一九三四年、ションバーグなどアメリカの友人に援助を求めてなんとか渡航費と入国許可を得て、ニューヨークへ戻る。だが、仕事がなく、ニューディールの市営ワーク・キャンプに加わった。一九三五年には同じくニューディール政策の一つである連邦作家計画に加わり、一九四〇年にアメリカ市民権を得た。その頃から病気に苦しみ、その状態を一九四一年カトリック作家エレン・テリー（Ellen Terry）に発見され、ロシア亡命者に運営されるカトリックの施設に引き取られる。一九四四年シカゴへ移り、のちに一九五四年にマッカーシー上院議員を非難した最初の一人で「赤いビショップ」（Cooper ② 40）と呼ばれたバーナード・シール（Bernard Sheil）の下でカトリックに改宗した。一九四八年シカゴの病院で亡くなった。

黒人として国際的な活動に携わり、左翼運動に関わったために迫害を受け、ひっそりと死を迎えたことなど、ガーヴェイと共通している。マッケイは文学者であったが、作家として多くの収入は得られず、とくに晩年は不況の時代であったので、経済的な困窮に苦しんだことがわかる。

四．マッケイの左翼活動とロシア訪問

一九一七年のロシア革命は、世界中の注目を浴び、多くの左翼活動家がモスクワへ向かった。マッケイが『故郷を遠く離れて』(*A Long Way from Home*, 1937. 以下、『自伝』と表記)で語ることによれば、一九二〇年、ロンドン滞在中にアメリカ共産主義運動の創始者であるジョン・リードから、レーニンが黒人問題を取り上げるという理由でモスクワ訪問の誘いを受けたが、アメリカの黒人グループを代表する資格が自分にはないと考えて引き受けなかったという(McKay ① 206)。ロンドンから一九二一年に帰国したが、その翌年に、自ら資金を集めてロシアへ出発した。

マッケイは、ジャマイカやアメリカでの生活を通して黒人であるゆえに強いられる不遇を意識し、そうした視野から左翼運動に関わり始めたと思われる。他方で、ジャマイカですでに詩人として白人主流社会に認められたマッケイは、当時黒人詩人として稀有な存在であり、白人知識人階級から賞賛され、白人との交流も深かった。グリニッジ・ヴィレッジの文人サークルや、ロンドンの「インターナショナル・ソーシャリスト・クラブ」、パリのモンパルナスのアメリカ文人コミュニティなどでは、唯一の黒人であることも多かった。『自伝』でも、「黒人より白人の友人のほうが多かったかもしれない」(McKay ① 37)と述べている。イギリスの植民地であるジャマイカでイギリスの思想や文学に親しんでいたマッケイは、知的な交流という観点からは、間違いなく白人知識人たち

の一員であった。マッケイは頻繁に経済的苦境に陥ったが、そうした豊かな交友関係を伝手にして、ロンドンやパリやニューヨークで資金や人脈による援助を何度も受けている。

そうした交流の中で白人と黒人の立場の違いを強く意識したと、『自伝』に書かれている。ニュージャージーで白人の友人たちに同伴して、全員が数ヵ所のレストランから拒否された時に、「白人は、どれほど共感をもつ人でも、肌の色による差別が引きおこす蝕むような痛みを完全に感じることはできない。黒人の被害者だけが感じられるのだ」（McKay ① 135）と語り、パリの外国人在住者たちについて、「率直にいって、私は自分が白人の海外在住者たちと同じと思ったことは一度もない。…彼らの大多数は私に共感をもってくれた。だが彼らの問題は私の問題とは同じではなかった」（McKay ① 243）と述べている。一例だが、一九二〇年にジョージ・バーナード・ショー（George Bernard Shaw, 1856–1950）の自宅訪問が実現した時、「感受性の強い黒人にとって詩人であることは悲劇的であるに違いない。君はなぜ、職業として詩でなく拳闘を選ばなかったのか」と問われ、「私が選んだのではなく、詩が私を媒体として選んだのです」（McKay ① 61）と答えたエピソードなど、白人の発想とマッケイの意識との乖離を窺わせる。

一九二〇年、フランスがルール地方で活発化していた労働争議を抑えるために、ドイツへ侵攻した。マッケイがロンドンに滞在中のことである。『デイリー・ヘラルド』（*Daily Herald*）四月十一日号に、「ヨーロッパの黒い禍——放たれた性的恐怖」というE・D・モレル（E.D. Morel）による記事が載った。マッケイによれば、イギリスはフランスの侵攻に反対していたが、世論はかつての敵国ドイツよりもフランス側に好意的であった。そこで黒人部隊の派遣を前面に出して白人女性への性的な脅威と煽ることによって、フランスを非難するキャンペーンを始めたのである。マッケイは『デイリー・ヘラルド』紙の編集者に、「非論理的な感情的偏見に間接的に訴えるのではなく、黒人軍はなぜヨーロッパに望ましくないとイギリスが考えるのか、本当の理由を読者に知らせることが革新的機関としてのあなたの新聞の義務だと思う」（McKay ① 75）と手紙を送ったが、取り上げられなかった。そして友人に助言され、『デイリー・ヘラルド』紙に批判的なシルヴィア・パンクハースト（Sylvia Pankhurst）の週刊紙『大胆不敵』（*Workers' Dreadnought*）に送り、採用された。その後マッケイはパンクハーストの新聞から多くの依頼を受けるようになったが、弾圧が強まる中でスパイ疑惑で逮捕されそうになり、パンクハーストも投獄されたので、急いで出国した。

帰国後、一九二二年八月の『解放者』の記事の中でも、ロンドンの『コミュニスト』四月八日号に掲載された「黒い恐怖に対する抗議」という記事を、以下のように断罪している。「『人種に対する犯罪』であるとか、『アメリカ西部の荒野では黒人男性が白人女性を辱めると、即リンチだ』とか、『白人が黒人や有色の野蛮人に奴隷とされている』といった忌まわしい語句や誤った論述によって、そしてもっとも原始的な人種感情を掻き立てることによって、その記事は共産主義のあらゆる原則を蹂躙しており、そのイギリス人編集者の仕事の無能力を示している」（McKay ⑩ 74）。

こうしたイギリス左翼への不信が、マッケイに共産主義国家を実現させたソヴィエト・ロシアへの渡航を決意させる一因となったのではないかと推測される。ロシアで出版されたマッケイの『アメリカの黒人』(*The Negroes in America*, 1923)によると、モスクワ・ソヴィエトの集会の一つで、マッケイはトロツキーに「帝国主義者による黒人部隊の派遣」について、五項目の質問を提出して、回答をもらっているからである。「帝国主義者による黒人部隊の派遣は、この三年間大きな問題となった。この件に関して、愚かしく感傷的な多くの些事と偏見に満ちた忌まわしい嘘が語られたし、また書かれもした。だがなぜ黒人部隊を使うべきではないのかについて、一言も賢明な言葉が語られなかった。そのため同志トロツキーの回答はとくに貴重である」とマッケイは、トロツキーが黒人問題を「階級闘争の問題」としてのみ論じたことに満足している(McKay ⑩ 6)。なぜトロツキーなのかというと、『自伝』によると、「レーニンの意見を彼自身の口から聞きたかった」(McKay ① 206)のだが、病気で会えなかったのである。このトロツキーの手紙はモスクワの複数の新聞に載った。マッケイはモスクワからトロツキーへの返答の手紙を、一九二二年二月二〇日付で送っている。そこではマッケイがロンドン滞在中に、イギリス政府が白人兵士と隔てるために設けた、海外からの黒人兵士用のクラブで見聞きしたことが語られている。さまざまなヨーロッパ語を話す黒人兵士たちは、兵士間の、また、政府による差別の中で、「ヨーロッパの戦争に幻滅し」、「文明を守る」という誇りを失っており、ガーヴェイのアフリカ帰還運動の宣伝に惹かれるなど、「人種意識に染まっていた」(McKay ⑪ 9)という。このように、左翼系新聞が反黒人兵士キャンペーンを推進する一方、アメリカでは資本家の新聞が黒人擁護の側につくなどの捻じれた状況が、黒人大衆を取り巻く問題であるとマッケイは述べ、私が書いている本『アメリカの黒人』で私が示したように、黒人問題は根本では労働者階級の問題であるが、階級闘争の指導者たちがそれを無視すると同時に、ブルジョワジーによって人類愛的な目的で使われている」(McKay ⑪ 10) とマッケイはこの一件を総括している。人種問題を通して、マッケイが既成左翼への信頼を失っていったことがわかる。

最後に、肌の色の黒いマッケイが革命直後のロシアで人びとに大歓迎されたことに触れておく。「私は人生で、アフリカ人であり、黒人であることをこれほど誇らしく感じたことはなかった」、「私は革命後ロシアに来た最初の黒人であり、おそらく幸運の予兆とみなされたのだろう。…私は黒いイコンのようだった」(McKay ① 168) と語っている。アメリカで『解放者』の編集時代に知り合った日本人共産主義者である片山潜の援助もあって、「人生で初めて、大きな特権をもった人物であるとはどのようなことかを知った」(McKay ① 171) という特別待遇を得て、記事や本を書く機会まで与えられた。しかもその賃金は地元の記者の十倍以上で、時には記事がアメリカでの五〇ドルになったという (McKay ① 185)。そうした待遇は、人びとが自分を黒人詩人として受け入れたためであり、自分は特定の政党や共産主義に縛られない自由な創作への意欲を掻き立てられて、ロシアを去る決意をしたと語っている (McKay ① 226)。

五. マッケイの創作に見る国際的黒人民族主義

詩の代表作は、『解放者』一九一九年六月号に最初に載った戦闘的なソネット、「死なねばならないなら」であり、「ハーレム・ルネサンスの開始の辞としてよく評価される」(Maxwell ③ 33) 作品である。この詩の生まれた背景について、マッケイは『自伝』で、「大戦は終わった。だが、その終わりは労働と資本との、そして古傷に生ずる疫病のように、黒人と白人との小戦争の勃発の合図だった」(McKay ① 31) と説明している。この詩は第二次大戦中、ウィンストン・チャーチルが下院で引用し、一九七一年に囚人が占拠したアメリカのアッティカ刑務所の壁に書かれていたことでも有名である。その時にはメディアはこの詩のことを知らず、無名の囚人が書いたと報道したが、マッケイの戦闘性がアメリカのブラックパワーの時代に受け継がれていることがわかる。

死なねばならないなら、豚のように死んではならない。
不名誉な場所に追い詰められ、閉じ込められ、
我われの呪われた運命を嘲って吠え立てる、
怒り狂う飢えた犬たちに囲まれて。
死なねばならないなら、おお、我われは気高く死んでいこう。
我われの大切な血が無駄に流されることのないように、
そして我われが挑んでいく怪物たちでさえ
死んだ我われを称えずにはいられないように。
おお、仲間よ、我われは共通の敵に立ち向かわねばならない。

数では遠く及ばなくても、我われが勇敢であることを示そう。
一千の打撃に対して一つの致命傷を与えよう。
目の前に墓穴が空いていようが、それが何なのだ。
凶暴で卑劣な一団に人間らしく向き合おう、
壁際に押されて死にかけても、戦うのだ。

「共通の敵」に対抗する同胞意識、「気高く」「人間らしく」あろうと訴える抑圧された人びとの誇り、強い抵抗の精神が窺われる。

小説の代表作は、処女作と二作目、『ハーレム帰還』と『バンジョー』である。創作したいという強い意欲をもってロシアを離れ、病気が癒えたあとガーランド基金から創作のための月額五〇ドルの支給が決まって、フランスで長編に着手した（McKay ① 257）。一作目の舞台はハーレム、二作目の舞台はマルセイユであるが、二作目には一作目の登場人物がまた現れるので、続編といえる。ともに主人公はアフリカ系アメリカ人と設定されているため、とくに前者は舞台もハーレムなので、アメリカ文学の枠組みで読まれがちであるが、両作品はフランスで、カリブ作家らしい国際的視野から書かれている。マッケイ自身、外部者としての自分を意識しており、『自伝』で、ハーレムに戻る利点はないと考え、次のように語っている。「私は海外にいた時に距離を置いた視野から、私の最良のハーレムものを仕上げた。ハーレムはもうその現場にいる芸術家たちに任せ、『ハーレム帰還』よりもっとよいものを産む機会にしてもらう方がいいだろうと考えた」(McKay ① 322–323)。

(一)『ハーレム帰還』

『ハーレム帰還』の主人公ジェイク・バーンズは南部ヴァージニア出身であるが、ブルックリンで港湾労働者として働いていた時に第一次大戦へ志願し、ドイツ兵と闘わせてもらえず重労働ばかりであることに失望し、フランスのブレストで辞めて、ル・アーヴルへ向かい、数週間滞在後に船員となってロンドンの西インド波止場で働くという国際的な経験をしている。二年後にハーレムに帰るのであるが、その間イーストエンドで白人たちの間で暮らし、またアメリカ行きの汽船で火夫としてアラブ人たちの間で働いており、多様な人種と差別関係の体験者である。船上で豚を食べないなど生活風習の違うアラブ人たちは嫌われ、軽蔑されていて、白人水夫にアラブ人と比べると「お前は俺たちと同じだ」(McKay ⑧ 2–3)といわれたが、同じなら自分は火夫でなく甲板夫になれたはずだと考えている。

ハーレムの黒人たちも多様である。黒人向けキャバレーに集うさまざまな出自の黒人は、「ダンディーとパンジーたち、チョコレート、栗色、コーヒー、黒檀、クリーム、イエローのみんなが興奮の絶頂に押し上げられる」(McKay ⑧ 32)というように、華やかで多彩な集団として表現されている。主人公のジェイクはハーレムでの生活を楽しんでいるが、ハーレムを一時離れてペンシルヴァニア行きの列車で給仕をして働いた時、レイモンド［通称レイ(Ray)］というハイチ人と知り合う。

レイは無神論者であり、また創作したいという思いをもっている人物で、ジェイクにハイチ独立革命の英雄であるトゥーサン・ルーヴェルテュールや、イギリスロマン派詩人ワーズワスの詩を教える。ハイチは一九一五年から一九三四年までアメリカに占領されており、役人であったレイの父親は反対運動により監獄に入り、兄は海兵隊によって街で殺され、レイは大学を続けられなくなったという（McKay ⑧ 138）。明らかにレイはマッケイ自身と重なる人物であるが、レイは黒人大衆の享楽的な生活に完全には馴染むことができない。

ハーレム。レイは時にどれほどひどく憎しみを覚えたことだろう。その残忍さ、ギャングの乱暴、濃密な乱交。その熱い欲望に。だが、ああ、その豊かな真っ赤な血のような色彩。その雑多な声の暖かいアクセント、フルーツのようなその笑い、その「ブルース」の引きずるようなリズムとそのジャズの即興による驚き。レイはまたハーレムで幸福を知ったのである。彼の故郷である熱帯の島の真昼の日差しのように、輝かしく彼を照らす喜びを。（McKay ⑧ 267）

ハーレムの魅力に酔いしれながらも、その暴力性や性的な放埒さを嫌悪するレイは、『ハーレム帰還』を書評して、小説の「大部分に」吐き気を覚え、その汚辱のもっともひどい部分の後では「シャワーを浴びたい」（DuBois ② 202）気持ちになったと述べたW・E・B・デュボイスの感想を、一部共有している。カリブ黒人であるガーヴェイもまた本書を「黒人に対する忌まわしい中傷」（Edwards

293）と批判した。本書が差別的な白人が蔑むような、無学で本能的に行動する下層の黒人たちの生活を肯定的に描いているからである。

ジェイクは、運命の女性フェリスを巡って友人のゼディと撃ち合いになりかける危機を迎えるが、二人は和解する結末となっている。レイはジェイクに「とにかく、お前は今のままで俺より幸福だ。俺は学べば学ぶほど理解できず、人生を愛せなくなる。この世の知識のすべてをもってしても、なぜ生きているのか、というこのささやかな問いに答えることができない」（McKay ⑧ 274）と胸中を語っている。「学べば学ぶほど」というように、カリブの植民地教育がしがらみとなっている自分と比較し、アメリカの人種差別社会で教育を受けられなかった下層のジェイクは、ありのままの自分を享受できる黒人とみなされている。

（二）『バンジョー』

『自伝』によれば、マッケイはマルセイユで、のちにマルティニーク出身のエメ・ゼゼール（Aimé Césaire, 1913–2008）らとともにネグリチュード運動を一九三〇年代から展開するセネガル人、L・S・サンゴール（L.S. Senghor, 1906–2001）と出会った時に、「マルセイユの黒人たちの真実」（McKay ① 278）を書いてほしいと頼まれており、それを思い出しながら『バンジョー』を執筆した（McKay ① 288）。前作のハーレムと違い、現地で書かれた作品である。マルセイユはアフリカにも近く、波止場で働く人びとは白人も含めてハーレムよりも多様である。黒人たちは仲間意識をもって、アフリカ性を共有し、特有の魅力をもつ音楽やダンスを楽しんでいた。一方で、越えがたい差や対立もあった。

フィンランド人、ポーランド人、イタリア人、スラブ人、マルタ人、インド人、ニグロイド、アフリカ黒人、西インド黒人が、アメリカの移民法を犯してアメリカから追放されるものの、故郷に帰ることを恐れ、恥じて、この大きなプロバンスの港に投げだされ、日雇いの仕事や食事や飲み物を乞い、有蓋車、不定期貨物船、居酒屋、売春宿などでどうにかその日暮らしをしていた。(McKay ④ 6)

…至る所の黒人が一緒に群がり、奇妙な方言を話すのだが、一つになり、ワインという言語で互いに理解しあった。(McKay ④ 36)

「マルティニークの」「ビギン」、「ジェリー・ロール」、「ジャマイカの」「ブルー」、「セネガルの」「ボンベ」、どのような名前であろうと、プリミティブなアフリカの性感をゴージャスに純化する時ほど黒人たちが美しく、魔術的な時はない。千ものさまざまな型の中で形式的な動きには構わず、個々のリズムに多くを委ねるこのダンスは、アフリカの生のリズムへの鍵である…。(McKay ④ 105)

黒人とアラブ人は同じ言語を話し、同じ宗教をもっている時でさえ、お互いを嫌っていた。（McKay ④ 166）

主人公のリンカン・アグリッパ・デイリー、通称バンジョーはアメリカ南部出身で、第一次大戦ではカナダ軍に加わり、ロンドンやパリへ行ったが、昔火夫としてジェノア、バルセロナ、マルセイユなども経験した放浪者である。夢はバンジョー、ウクレレ、マンドリン、ギター、ホルンなどでジャズを演奏するオーケストラを創って、稼ぐことである。

六章でレイが登場し、バンジョーと出会って、「幸せな気持ちでジェイクを思い出した」（McKay ④ 64）とあり、二作品の主人公の類似性が認識されている。レイは世界のあらゆる土地からの収穫物が山積みにされているこのマルセイユ港は、その「残酷な美」でどこよりも魅力的であり、「これほど華々しく多様な黒人が集まった港は見たことがない」（McKay ④ 68）とハーレム以上に国際的な黒人コミュニティを見出している。

レイは、自分は「大きな白人世界に入るやいなや…自分の皮膚の色と人種を痛切に意識してしまう」（McKay ④ 164）という二重意識に縛られているが、「バンジョーはまったく気楽に、すべてにおいて本能的に振る舞っている」（McKay ④ 164）と讃嘆する。「生得の本能がこの白人の文明社会で発揮されるのを知性が見張っている」（McKay ④ 164）という制約を意識したレイは、「自分を恥じないで、魂を失うよりは知性を地獄へ突き落し、本能を生かせ」（McKay ④ 165）と自分を鼓舞する。

デュボイスは人種差別の国アメリカで黒人の地位向上を目指し、「才能ある十分の一」を育成するエリート教育の必要性を説いたが、黒人が多数のジャマイカでは、教育を受けて西洋に同化するエリート黒人が、多くの場合、より白人に近い混血の黒人であるのだが、無教育の黒人を支配し、軽蔑するというように、人種間よりも黒人間での階級の差が大きい。カリブ人のマッケイは西洋文化に対抗する価値として黒人らしさを求めたのである。

一九二〇年代のパリはジョイス、ストラヴィンスキー、ピカソ、ヘミングウェイなど創造の中心であり、第一次大戦を経たヨーロッパ文明への自信喪失から、アフリカ彫刻など「プリミティヴィズム」への関心が高まり、「冷たく、合理的なヨーロッパ人がなくした生き生きとした、素朴な官能性やスピリチュアリティを体現するように思われる」(Stovall 31) アフリカ文化に魅了されていった。マッケイがジェイクやバンジョーに注ぐ羨望は、ヨーロッパのモダニストたちが希求したアフリカ性への眼差しと重なる。

最終章の一章前の二四章でジェイクが現れる。フェリスと結婚し、男の子が生まれ、レイの名をとって名づけたと、『ハーレム帰還』の結末以後の物語が語られる。最終章では、バンジョーがアメリカへ帰国できる船が決まり、港へ呼び出しを受けるにもかかわらず、唐突に行かないと宣言する。ジェイクもレイも、賛同し、マルセイユの暮らしが、中心人物たちにその意義を確認される結末となっている。貧しく、当てのない生活であっても、黒人たちが集う場であり、国際的な黒人の連帯に可能性を託した結末である。スティーブンズは、マッケイは「ブリッグズやガーヴェイと違い、民族主義にも国際主義にも幻滅し」（Stephens 602）、政治から離れて小説へ向かい、その結果『バンジョー』において「想像力によってトランスナショナルな黒人コミュニティ」（Stephens 603）を作り上げたと考察している。

この小説は「筋のない物語」という副題の通り、行動ではなく、人びとの語りによる交流が中心であり、個人的見聞、民間伝承、政治論などが、多様で雑多なまま繰り広げられる。黒人の体験は人種問題と関わらずにはいられないので、話題の中心となることが多く、バンジョーの仲間にもレイをはじめ、政治的な関心の強い人物がいる。レイは、作者マッケイが強い関心をもっていたフランス黒人軍のルール侵攻時の「大宣伝キャンペーン」について語り、搾取の本質にはまったく触れずに「白人の想像力に永遠にうるさく飛び回るあの不思議な虫である、黒人のセクシュアリティ」（McKay ④ 146）ばかりが問題とされたと批判している。一方で、主人公のバンジョーは政治に関心をもっていないことが特徴である。仲間の一人のグーシーは、「奴隷制の楽器」（McKay ④ 90）であるとしてバンジョーの使用を非難しているが、バンジョーは「好きだから演奏する」（McKay ④ 90）と頓着しない。また、ガーヴェイについて、バンジョーが「自分はモーゼかナポレオンかフレデリック・ダグラスだと思っているが、ただの愚かな大口野郎だ」（McKay ④ 77）と貶す発言をした時も、人種問題に熱心なアフリカン・カフェのセネガル人店主に、「お前みたいな奴が黒人の行方を困難にする」、「黒人の地位を高めようと行動しようとする人びとに対して敬意がない」（McKay ④ 77）と叱責されている。グーシーに「人種狂い」（McKay ④ 91）と強い政治性を評されるナイジェリア出身のタルファは、一三歳の時に主人に連れられてイギリスへ渡り、三年間仕えてカーディフへ逃げ、白人と黒人の衝突した一九一九年の暴動で負傷した人物である（McKay ④ 101）。彼はその後アメリカに渡りガーヴェイ主義者となり、ガーヴェイが投獄された後も、それは彼が「大人物」（McKay ④ 91）である証拠だと考えている。バンジョーに体現された黒人性の理想化は、確かにモダニストたちのアフリカ賛歌と共通しているが、そうした黒人像がまったく異なる土台の上に築かれていること、すなわち、黒人種への世界の差別的抑圧的な構造に対抗する、強い政治性をもった黒人たち自身の抵抗の言説と運動の文脈から描き出されていることを忘れてはならない。

主人公および小説の題名である「バンジョー」の使用は、一見差別の歴史に迎合的であるように見えるが、マッケイはそれを敢えて使ったと思われる。作中レイが差別用語の「ニガー」を使って、グーシーに、バンジョーならわかるが「お前が使うのか、それも白人のいる前で」（McKay ④ 183）と驚かれる場面がある。レイの説明を引用してみよう。

> 俺はお前や白人の奴ら（crackers）がいうような「ニガー」（niggah）ではなく、お前やお前みたいな黒んぼ（coons）すべてについて俺が感じていることを正確に表現するために、強い「アール」(r)を加えて「ニガー」(nigger)といった。お前が、黒んぼというのはバンジョーやジンジャーのような黒人のことだと思っているのはわかっているが、お前は自分をごまかしている。彼らが本物で、お前の方が舞台上の、でっち上げの黒んぼなのだ。（McKay ④ 183）

この発言はグーシーを激怒させているが、白人の軽蔑を恐れ、軽蔑される黒人を恥じている限り、自分のそうした面を隠し、抑圧し、有りのままの自分を受け入れることができないのであり、差別され、蔑まれる対象を敢えて自分のものとして引き受けて、誇り高くこれが自分だと主張し、価値観を逆転させなければならないと述べているのだと思われる。のちに、ブラックパワーから政治性を受けついたギャングスタ・ラッパーであるトゥパック・シャクール（Tupac Shakur）が、同じ言葉に抵抗の意味をこめて誇り高く掲げ、次のように歌っている。

俺がニガ（niggas）という時、それは俺たちが恐れるようになったニガではない／それはまるで何の意味もないかのように俺たちが口にするニガではない／そうではなくて俺にとって／それは決して（N）無知でなく（I）目標を（G）得て（G）達成する（A）ニガを意味している／ニガたち、俺たちは何をするつもりだ／当てもなく歩いてぶち当たるのか戦うのか／そうしなければならないのなら、戦って死ね、ニガらしく（「知恵の言葉」）

マッケイは敢えて差別的なニュアンスの「バンジョー」を用いて、歴史的に積み重ねられた偏見を転覆させ、誇りの象徴の位置にまで高めたかったのだと思われる。

（三）その他の小説

マッケイはその後、ジャマイカを舞台とした短編小説集『ジンジャータウン』（*Gingertown*, 1932）と小説『バナナボトム』（*Banana Bottom*, 1933）を出版している。その後、マッケイの死後に一九三〇年代のハーレムを舞台とした小説が出版された。書かれた順に挙げると、一九四一年頃に書いたと推察され、二〇〇九年にタイプ原稿として発見されて初めて存在を知られ、二〇一七年に出版された『愛想笑い』（*Amiable with Big Teeth*）と、生誕一〇〇年に出版された『ハーレムの栄光』（*Harlem Glory*, 1990）であり、原稿は四〇年代後半に書かれていた。

題名に『愛想笑い』という迎合的な黒人の笑顔のステレオタイプを敢えて使っている小説は、一九三五年一〇月のムッソリーニによるエチオピア侵攻という、当時の黒人たちにとっての大事件を取り上げており、実際に起きたいくつかの出来事を組み入れて創作されている。ハーレムでエチオピア支援組織を結成した豊かな事業主とその中産階級的な育ちの娘を中心に、一九三〇年代の不況、ソヴィエトの大国化、ファシズムの台頭、第二次大戦の勃発などの国際社会の動きの中のハーレム黒人社会が描かれている。黒人による支援組織が、ソヴィエト共産主義の国際的活動家といわれる人物の主導による別の支援組織によって誹謗され、崩壊の危機に陥るという内容であり、ソヴィエトの提唱する人民戦線の活動家たちによる殺人を含む陰謀が暴かれるなど、露骨に反人民戦線・反共産主義を示す作品となっている。

『ハーレムの栄光』は連邦作家計画の仕事の成果である歴史書『黒人の首都ハーレム』（*Harlem:*

Negro Metropolis, 1940）に書かれた資料を使った小説で、同時期に書かれたと思われるが、三〇年代の不況下のハーレムを描いている。ハーレムの大衆文化の特有の二つの側面、賭け事ナンバーズの業界と、新興宗教の隆盛という現象を中心に据えて書かれており、実在の人物や出来事が別名で盛り込まれている。床屋からナンバーズの富豪になった西インド出身者が、参入してきた白人資本の圧力により殺される。白人シンジケートには、イタリア系とユダヤ系の二派があり、加盟しないと、黒人事業家は誘拐され、身代金を払わされたり、破産に追い詰められたのである。彼の妻はパリへ逃亡を果たし、アメリカ黒人や、白人、アジア人、アフリカ人など多彩な人びとと豊かな社交生活を送っていたが、不況下で銀行が破産し、自殺した。この妻に気に入られてパリへ同行した、南部出身の若いダンサーであるバスター(Buster South)が主人公である。三〇年代にニューヨークへ帰ったバスターは、仕事がないため、マンハッタン北の失業者のためのニューディールの農園キャンプに参加するが、不満を話し合う集会を共産主義として潰されたり、人種差別的な扱いも受けて、キャンプを辞める。マッケイ自身のキャンプ参加の体験が反映されていると思われる。

不況下のハーレムではさまざまなカルトが隆盛であり、弁護士、医者、不動産業者、大学生、高校生などが加わっていた。その一つは、ディヴァイン神父（Father Devine, 1879–1965）がモデルであり、もう一つの大勢力は元ガーヴェイ主義者のハミッド（Sufi Abdul Hamid, 1903–1938）をモデルとしている。後者は、男性の若者たちを惹きつけ、黒人雇用を拒否した店をボイコットする運動を展開した。また、モデルとなったハミッドは本名ユージン・ブラウン（Eugene Brown）でアフリカ系アメリカ人であったが、アフリカ人教祖と見せかけており、マッケイの小説ではその教祖のもとにエジプト、アラビア、モロッコ、メディナの人びとがカラフルな服装で集まり、「ハーレムのアフリカ系アメリカ人たちは自分たちの中にこれほど大きなアフリカ人コロニーがあったとは気づいていなかった」（McKay ⑦ 105）と語られている。最後のエピソードはバスターの痴情のもつれの場面で終わっていて、伝記作者のクーパーは未完と考えている。

伝記作者のティラリーは、こうした不況時代の「陰気なハーレム」（Tillery 166）を描いたマッケイは、「有能で教育のある黒人は仕事がなく、静かに苦しまなければならない一方で、ハーレムのビジネスの九五％が白人によって所有されているという現実を嘆いた」（Tillery 173）と述べている。ティラリーによると、黒人の労働を促進することを重要な課題であると考えるマッケイは、「黒いヒットラー」とその反ユダヤ主義を批判された教祖ハミッドを擁護し、アイラ・ケンプ（Ira Kemp）が一九三六年に結成した黒人のみからなるハーレム労働組合を支持したことで、クレイトン・パウエル（Adam Clayton Powell, Jr.）から危険な「民族主義」（Tillery 171）、ジョージ・スカイラー（George Schuyler）から「黒人ファシストで反ユダヤ主義者」（Tillery 172）と批判された。当時の反ナチスという社会風潮の中で、黒人コミュニティからも孤立していたのである。

晩年のマッケイを知る手掛かりとして、一九四六年九月一六日付けのマックス・イーストマンへの手紙での発言を取り上げたい。「僕はマルクス主義者でも共産主義者でもないし、これまでも一度もそうであったことはない。だが、共産主義者が通常の嘘の中で時に真実を語ったとしたら、僕はその真実が真実でないなどというつもりはない」（McKay ⑨ 312-313）。強い反共産主義、カトリックへの改宗など、晩年に大きな思想転換をしたと考える批評もあるが、マッケイの関心が一貫して自分や同胞の黒人が直面する問題にあったことは間違いない。アメリカで晩年に引き起こされた既成左翼との離反や孤立は、最初からマッケイの経歴に見られるものであり、それらはアフリカ系アメリカ人社会の中で大勢に左右されずに生きた国際人マッケイの、カリブ的視野によるのではないかと思われる。

注

注1　英領のカリブ地域を一つの連邦として独立させるという構想で、一〇の地域から成る連邦（1958-1961）が成立したが、二大勢力のジャマイカ、次いでトリニダード・トバゴが脱退し、短期間で崩壊した。その後カリブ団結の動きは継続され、一九六八年にはカリブ自由貿易連盟（CARIFTA）が設立され，さらにこれを発展させ一九七三年にカリブ共同体（CARICOM）が発足した。

注2　伝記研究書からの引用（Robert Hill and Barbara Blair 53）。

第六章

初の黒人共和国の革命的伝統を引き継ぎ、ハイチ文学を模索した

ジャック・ステファン・アレクシ（ハイチ出身）

——マルクス主義者でハイチ独裁政権を倒す戦いに殉じた——

ジャック・ステファン・アレクシ（Jacques Stephen Alexis, 1922–1961）はハイチの詩人・小説家で、医師でもあり、マルクス主義者で活動家である。父親は一九三三年に小説と戯曲を書いたステファン・メスミン・アレクシ（Stephen Mesmin Alexis, 1889–1962）であり、文学教授、ジャーナリストで、戦闘的な民族主義者として数度の逮捕歴があるが、パリとブリュッセルでハイチ大使を務めた（Coates ix）。トゥーサン・ルーヴェルテュールの伝記も書いている（Coates ix）。ジャックの著書の英訳者コーツ（Carrol F. Coates）によれば、父方の曽祖父とその長男は反政府運動で処刑されている。生き残った息子は、トゥーサン・ルーヴェルテュールを引き継いでハイチを独立に導いたジャン・ジャック・デサリーヌ（Jean-Jacques Dessalines）の曾孫と結婚して、その息子がジャックの父親である（Coates ix）。フランス革命の精神を推し進めて世界初の黒人共和国を作り上げたハイチの人びとの変革への情熱は、革命以後も生き続けたことが窺われる。ジャック自身、フランソワ・デュヴァリエ（François Duvalier, 1907–1971）独裁政権を倒す戦いを挑み、命を失っている。

一・独立後のハイチの自立のための闘争

ハイチは独立後、苦難の歴史を辿った。奴隷制を容認していた各国から疎まれ、協力も得られず、経済的にはフランス政府が旧農園主に支払う賠償金として、多額の負債を負ったのである。『ブラック・ジャコバン』の監訳者青木芳夫の解説によれば、「ヨーロッパ列強間ではナポレオン戦争の戦後処理を定めた一八一四年のパリ条約によりヒスパニオラ島の帰属問題は革命前の状態に復帰すること、つまりそれぞれフランスとスペインに返還されることで合意を見た」（青木 482）という。こうした「国際的孤立を脱するために」ハイチはフランスから独立の承認を得る必要があり、一八二五年、「一億五〇〇〇万フランにのぼる『損害賠償』という条件を飲まざるをえなかった」（青木 482）。フランスがハイチ独立を承認したのは一八三八年、フランスが奴隷制を廃止したのは一八四八年、アメリカのリンカンは一八六二年にハイチを承認した。

国内では内乱が続いた。元大農園のあった「黒人支配の北部」と、「ムラートの南部」というように、階級差、地域差が対立を深め、「ハイチ政治における激烈な肌の色のダイナミックスが進展していった」（Smith 4）。アレクシの『太陽将軍』の翻訳者でラテンアメリカ研究家である里見三吉の解説によると、独立後に土地は分配され、元奴隷は「小地主や小作人」（里見 173）になったが、「ハイチの経済を支配していたのは封建的地主で…ブルジョアジーであった。…一九世紀前半は、北部と南部、黒人とムラートを代表するいろいろの政治勢力が分裂して、共和政はたえず自称皇帝の出現によっておびやかされた」（里見 174）。その後、「黒人の地主や富農層を代表するナショナリスト党と、ムラートの小ブルジョアジーやインテリが指導権を握ったリベラル党」（里見 174）の二大政治勢力の対立となり、「ハイチに支配権を握ろうとした各国」（里見 174）の介入がそれに加わった。

二　アメリカによるハイチ占領と土着主義運動

他国による最大の干渉は、「秩序維持」（里見 174）のためという名目で行われたアメリカのハイチ占領（1915–1934）である。この人種差別的、帝国主義的な支配に対して高まった反米と愛国の気運が、ハイチの民族主義を覚醒させた。一九一九年には北部のカコ（cacos）と呼ばれる武装農民たちが、独立戦争時の奴隷武装集団の伝統を引き継いで、ゲリラ戦争を起こし、五年に及ぶ戦いを繰り広げた（Kaussen xii; Smith 7）。一九一八年には憲法でフランス語を公用語とした。

「二〇年代にはハイチは主権を守るだけでなく、真の強い文化意識を創出すべきだ」（Dash 5）という文化的自覚が高まり、土着主義運動（Indigénisme）が起こった。一九二七年にはそうした国民文学を求める場として『現地ジャーナル』（*Revue indigène*）が発刊された。ラテンアメリカの詩人やアメリカのハーレム・ルネサンスの抗議文学などの翻訳が数多く取り上げられ、国際的な視野を目指していたという（Dash 6）。翌年民族学者ジャン・プリス・マール（Jean Price-Mars）が、農民文化を研究し、ハイチのヴードゥー教や宗教的習慣を初めて民族学的に取り上げた著書（*Ainsi parla l'oncle*（*So Spoke the Uncle*））を著し、運動の大きな基盤となった。祖先から受け継いだアフリカの遺産に拠り所を求めるハイチの土着主義運動は、パリで生み出された一九三〇年代のネグリチュード運動の先駆けとなった。美術の分野でも取り組みが始まった。のちに四〇年代に創られる芸術センター（le Centre d'Art, 1944–）を中心とした現在のハイチ絵画の隆盛へとつながっていく。また、反占領の政治活動も盛んになり、一九二九年の終わりには農業学校の学生によるストライキが大規模の都市ストライキとなり、アメリカ海兵隊がデモ隊に発砲する事件となった（Smith 5）[1]。一九三〇年の選挙ではアメリカ支配に反対するヴィンセント（Sténio Vincent, 1874–1959）が勝利し、一九三四年八月にアメリカは撤退した。

こうした反占領期の民族主義の高まりから、共産主義とノワーリスム（Noirisme）が出現する。もっとも急進派であったジャック・ルマン（Jacques Roumain, 1907–1943）らは一九三四年にハイチ共産党（PCH: the Parti Communiste Haïtien）を創設する。ルマンは占領軍からもヴィンセント大統領からも迫害を受け、三年間投獄された。他方で、一九二九年から、フランソワ・デュヴァリエらは、アフリカ性を追求する研究会を始め、ノワーリスムへと向かった。「我われの独自性を保証し、我われの人種の継続を確実にできるような我われの精神的構造を維持すること」（Smith 26）を目標とし、ヴードゥーを尊重し、アフリカの制度をモデルとし、ムラートを退ける「疑似ファシズム」的民族主義である。ノワーリスムの運動は心理的で、活動範囲も限られており、ムラートのエリート層にも危険とみなされることはなく、グループの誰も投獄や追放を経験しなかったという（Smith 27–28）。だが、その後デュヴァリエは一九五七年に不正選挙で大統領になり、国家治安義勇軍（the Tonton Makout）を従えて圧政を敷き、一九六四年に終身大統領となり、一九七一年の死後には息子の一九歳のジャン・クロードに引き継がせ、一九八六年まで三〇年間にも及ぶ恐怖政治でハイチを支配することになった。本章で取り上げる作家アレクシは、一九六一年にデュヴァリエ政権を倒すためにキューバから船で上陸して、行方不明となった。

三．最初の長編小説『太陽将軍』

アレクシは一九五五年から一九六〇年の間にフランスの大手出版社ガリマールから四冊の本を出版した。そのうち二冊の小説のみが英語に翻訳されているが、比較的最近のことで、『太陽将軍』(*General Sun, My Brother*, 1955) が一九九九年、『またたく間に』(*In the Flicker of an Eyelid*, 1959) は二〇〇二年である。スペイン語圏では前者がキューバで一九七四年に、後者がメキシコで一九六九年に翻訳出版されている。日本では一九六五年に世界革命文学選の中に上下二冊で『太陽将軍』が翻訳されており、スペイン語圏より早い。訳者の里見は「解説」で、ソヴィエトの『ロマン・ガゼータ』誌に載った一九六一年のロシア語訳を参考にしたと述べているので（里見 184）、ロシア語訳が一番早かったと推測される。

英訳版の翻訳者コーツによるとこの小説では六言語が使われており、「頻度順にいくと、フランス語、ハイチ・クレオール (Kreyòl)、スペイン語、英語、タイノ（またはアラワク）語、ラテン語」(Coates xxi) である。英訳に際してはフランス語のみが英語になった以外は、原則としてそのまま表記され、注釈のほかに巻末に用語解説が付いている。多文化・多言語のハイチの現実を描き出そうとするアレクシの配慮が窺われる。

ハイチ国家大学の教授でハイチ文学研究者であるメナール（Nadève Ménard）は二〇一三年に「ハイチを、文明と認められるようなものは何もない不毛の地と見る見方」（Ménard ① 53）に驚かされると述べている。しかも「ハイチと無関係の人に限ったことではない」（Ménard ① 53）そうで、子どもの頃ブルックリンのいとこの家で、年上のいとこにハイチにテレビはあるかと聞かれ、ふざけているのかと思ったという体験や、最近のアメリカの研究者によるハイチ学会の二四回大会で、ハイチには「ジェンダー、移動、人種を扱う大学の授業がないと公的に宣言」（Ménard ① 53-54）されたなどの具体例を挙げて、どこからこうした考えがくるのかわからないが、否定したと述べている。メナールはまた、ハイチはカリブの他の地域と同様に多文化が特徴であり、ドミニカ共和国、キュラソー、パナマ、バハマなどから日常的に売り子が往来する多言語の国であるのに、エリートだけが多言語を話し、本物のハイチ人は貧しく文盲で単一言語、すなわちクレオール語しか話さないと思い込んでいる、などの偏見を指摘している（Ménard ②）。五〇年代に書かれた本書でさえ、多言語の豊かなハイチが描かれているので、本書からもハイチの実像への理解へ近づけるのではないかと思われる。

（二）第二次大戦前夜一九三七年のハイチ人虐殺

この小説は一九三七年一〇月はじめに行われた、ドミニカ共和国大統領トルヒーヨ（Rafael

Trujillo, 1891–1961）による五日間に及ぶハイチ人の虐殺を取り上げている。およそ一万二〇〇〇人を超えるハイチ人が殺されたと見積もられている（Roorda 301）。直接の理由は明らかではないが、両国の人びとの生活の行き来に国境があまり意味をもたない一方で、国家としての両国には国益をめぐって多くの対立の要因があった。アメリカの歴史学者ローダ（Eric Rooda）はこの殺戮を辺境カリブに起きた特異な事件としてではなく、第二次大戦に至る国際的な背景から捉えて、「日本軍による中国南京の虐殺（ドミニカ共和国の殺戮の二ヵ月後に始まった）や、ナチスドイツによるヨーロッパユダヤ人の集団殺戮を含む、一九三七年から一九四五年までの人種的民族主義的な暴力の世界的な突発の一部」（Roorda 302）と位置づけている。また、「トルヒーヨによるヒットラー（Adolf Hitler, 1889–1945）の指導者としての流儀の模倣は、危険なほど進んでいった」（Roorda 307）と、その傾倒ぶりにも言及している。アレクシはこの小説で当時の国際政治に触れており、ハイチの大臣主宰による晩餐会で、私利私欲にまみれ、政治屋としてのし上がった大臣が日本の「満州占領」（Alexis ② 153）の話をしているとか、日本の俳句を引用しているなど、有色人種である日本に関心をもっていることを窺わせるエピソードを挿入している。

ハイチを世界から孤立して捉えることは不可能であり、他のカリブ諸国・地域と同じく、出稼ぎや留学などで国外への移動は盛んであった。アレクシも海外体験から多くを学んでいる。アレクシは父親がフランスとベルギーの大使を務めた三年間、パリに住み、一九二九年に家族とともにハイチに戻った。ポルトプランスで教育を受け、一九四六年に医学の勉強のためにパリへ行く奨学金を得て、一九五七年まで滞在した。その間に、共産主義者やネグリチュード運動の作家たちと交流する機会を得て、一九四九年四月二〇日から二六日までパリで開かれた、第一回平和擁護世界大会のハイチ代表となった。七二ヵ国から二〇〇〇人の代表が集まった。「労働者、知識階級、芸術家、学生、農民、宗教者、選出された役員、支配者、政治や貿易の組合の指導者や活動家」(“70 Years Ago”)が含まれていた。第二次大戦後、こうした平和運動が国際的に展開されるようになったが、アレクシがそうした世界情勢の中心部にも加わっていたことがわかる。コーツの序文によれば、本小説は一九四九年頃に着想され、一九五四年に出版社に送られているので、平和会議に参加した体験はこの小説の構想に当然関わっていると推察される。

一九九八年に、アメリカ在住のハイチ人作家エドウィージ・ダンティカ(Edwidge Danticat, 1969–)が、この虐殺を扱った小説『骨狩りのとき』(*Farming of the Bones*, 1998)を出版した。時代を隔てた両作品の執筆の意図は、当然違っている。アレクシの男性主人公は結末で死ぬが、ダンティカの女性主人公は生き残る。こうした展開は、事件の二〇年後に出版されたアレクシの作品と違い、ダンティカの場合は集団的記憶としてこの悲劇の意味を問うことが重要となっているからであり、亡くなった人びととの対話を通して、現代の読者に問いかける構成になっているのだと思われる。『骨狩りのとき』の翻訳者佐川愛子も「記憶を蘇らせることの意味は大きい」(佐川 328)とそうした意義を指摘している。

(二) マルクス主義的な展望

結末で、主人公のイラリオン(Hilarius Hilarion)と妻のウールーズ(Claire-Heureuse)は、ドミニカ兵士たちから逃げ伸びて、国境となっている川を渡り、ハイチ側の岸に辿りつく。だが、生まれたばかりの赤ん坊デジレ(Désiré)は途中で死に、川を渡る間に撃たれたイラリオンも死を迎える。だが死で終わる悲劇ではあっても、希望が見い出せる結末である。小説の最後の二行を引用してみよう。

彼は眼を閉じ、笑みを浮かべた。
彼女は一人になった。(Alexis ② 290)

「一人になった」とは、イラリオンが息絶え、ウールーズだけになったことを意味するのだが、「死」という言葉は使われていない。しかも微笑みが我われの見る彼の最後の姿である。時は夜明けであり、これから新たな一日が始まる。日が射し始めた時、イラリオンは「俺に会いに来た太陽の兄貴か」と叫び、「太陽将軍は偉大な男で、いつも貧しい黒人の友人だった」(Alexis ② 288)と、太陽を「兄」や「将軍」と呼び、日の出を喜んでいる。「彼の顔は喜びで輝いているように見えた」(Alexis ② 288)と書かれている。ウールーズは一人残されたとしても、「友人」の太陽がいる。

イラリオンは、また、「太陽将軍の軍隊の兵士」として、三人の名前を挙げている。「すばらしいのは、ハイチの太陽が俺たちに何をすべきか示してくれるということだ。ピエール・ルメル、ジャン・ミシェル、パコ、それにほかの奴らみんな、とうとうそのことを理解した」(Alexis ② 289)。この三人はこの小説の登場人物であるが、二人は実在の人物がモデルである。ルメルは共産主義者、詩人、小説家でもあったジャック・ルマン、医師のジャン・ミシェルはアレクシ本人で、パコ・トレスだけが架空の人物である。パコはドミニカのサトウキビ農園の労働者で、賃金の値上げを要求するストライキの指導者であり、演説中に射殺された。

パコの死は作品の中でも衝撃的な場面であるが、その死を通じて労働者の団結が堅固になり、ついには勝利を勝ち取っている。パコの死は活動の終わりではなく、パコの新しい伝説の始まりであったと書かれている。

　ずっと後までも労働者たちはまだ生まれない子どもたちにパコ・トレスのことを語り続けるだろう。パコの人生のあらゆる行動は伝説の後光を帯びるだろう。…その名前は時間とともに忘れられるかもしれないが、もっと大きなものに変容し、砂糖労働者の魂の中に刻印され、彼らの意識の一部になり、勝利への闘争に向かう戦列となるだろう。(Alexis ② 240)

このように死を乗り越えて続く未来への展望は、人びとの団結力をアレクシ自身が信じていたことから生まれていると思われる。実際、一九四六年一月、ポルトプランスの医学生だったアレクシは、一群の学生の先頭に立ち、レスコ（Élie Lescot）大統領に反対するストライキを呼び掛けて、それに労働者が加わりゼネストになって、大統領を退任させることに成功した（Coates xi）。そのことがあって、次の大統領エスティメ（Dumarsais Estimé）の時代にハイチから遠ざけるため、アレクシは留学の奨学金を与えられてパリに追い出されたのである。だが、その海外体験から、先に述べたように平和会議の代表を務めるなど、アレクシは有益な体験を積むことができた。

アレクシは一九五七年にハイチに戻り、一九五八年にはマルクス主義的な「人民統一党」（Parti d'Entente Populaire）を創設し、ハイチ労働組合連合（the Union Intersyndicale Haïtienne）の組織化の手伝いをした（Coates xii）。ハイチは一九五七年から抑圧的なデュヴァリエ政権下にあり、アレクシは一九五九年にハイチを出て、第三〇回ソヴィエト作家同盟会議に出席し、その後北京の共産主義労働者党会議に向かい、毛沢東（1893–1976）とホー・チミン（Ho Chi Minh, 1890-1969）と会っている（Kaussen 104）。一九六一年にカストロ（Fidel Alejandro Castro Ruz, 1926–2016）政権下のキューバへ行き、四月二二日ごろハイチへ向かい、殺されたと考えられている。

アレクシが自分の死について語った手紙があるので、参照したい。一九六〇年六月二ロ付で、ハイチを出ていくように脅しをかけているデュヴァリエ大統領に宛てて次のように書いている。「ご存じのように、今まで私は恐怖と呼ばれる感情に近づいたことはありません。幾度か、瞬きもせずに死を直視してきました」（Alexis ④）。信念をもち、そのため死をも恐れない強さを表明している。

歴史家マシュー・スミス（Matthew Smith）は、一九三四–一九五七の時期を考察した研究書の中で、この時代、すなわちアメリカ占領が終わってからデュヴァリエ政権の始まりまでの時期は、「さまざまな急進的な運動がハイチの政治的伝統に力強く挑戦して、その政治文化を変容させた」意義ある時代であった（Smith 3）と述べている。次に続いたデュヴァリエ主義の時代だけを見れば、この時期は「得られなかった機会」あるいは最悪の場合には「まったくの失敗」と評価されるかもしれない。だが、「この時代の確実な遺産は多方面に反響している。肌の色や階級に関する偏見への抵抗、草の根の政治組織に力点を置くこと、ハイチの真の民主主義の実現に向けた永続的な戦い――それらは、外国の占領が残した遺産を受け取ることを拒否した、男性および女性たちの疲れを知らない努力に根づいているのである」（Smith 195）。アレクシはこの時期に活躍した一人であり、アレクシらの貢献は暴君デュヴァリエの三〇年間の支配の水面下で永らえ、受け継がれ、ハイチの将来へ向けた新たな活動へのエネルギーとなったと捉えられている。

アレクシの小説にピエール・ルメルとして登場するジャック・ルマンもまた、この時期に属する人物である。ルマンの小説『朝露の統治者たち』（*Masters of Dew*, 1944）は、メキシコのハイチ大使館で働いていた時に完成し、同年死後出版された。この小説はアレクシの『太陽将軍』と比較すると、さらに楽観的な世界観が読み取れる。小説の最後で主人公は死んでいくが、フィアンセは彼の子を宿しており、村人は一致団結して遠くの山裾から水を引く大きな事業を始めることを決めている。灌漑工事によって、これまでのように干ばつで苦しむことはなくなり、貧しい村に将来への展望が開かれることは間違いない。主人公は、日照りで作物の取れない村を長い間離れて、キューバのサトウキビ大農園で働いており、そこで労働者として労働運動を知り、人びとの団結の力を信じ、尊び、自己の身を犠牲にして村人の団結を実現させたのである。アレクシは「憎悪によって荒廃した社会の廃墟の上に、友愛が勝利するという小説の主人公たちの確信はすばらしいものである」(Alexis ① 198) とこの作品を讃えている。

一九三四年、ルマンがハイチ共産党を創立した年に、第一回ソヴィエト作家同盟会議は適切なリアリズム芸術を生み出すために、社会主義リアリズムの四つのガイドラインを提出した。ルマンとアレクシはともにリアリズム理論の影響を受けている。また、ルマンの小説は、農民の真の生活を表現するために、フランス語に加え、スペイン語、ハイチ・クレオール語を用いており、クレオール語の多くの諺を登場人物たちに語らせている。また、人びとの生活に密着しているヴードゥーの神々や儀式についても書き入れている。以上の点は、アレクシが『太陽将軍』で引き継いでいる共通点であり、土着主義的な側面である。『太陽将軍』では二〇もの諺が登場人物によって言及されており、ハイチの有名なトリックスター民話の主人公「ブキとマリス (Bouki and Malis)」(Alexis ② 43) のことも触れられている。他方で、ルマンの作品は「農民小説」というジャンルでも論じられるのだが、この点では都市労働者をおもに扱ったアレクシの『太陽将軍』と区別される。

（三）「ハイチ人の驚くべき現実主義」の主張

アレクシの文学的功績は、一九五六年九月にパリで開かれた第一回黒人作家芸術家国際会議でアレクシが発表し、同年の『プレザンス・アフリケーヌ』（*Présence Africaine*）に掲載された「ハイチ人の驚くべき現実主義について」（De réalisme merveilleurx des Haïtiens）である。この概念はヨーロッパ系両親をもつキューバ人、アレホ・カルペンティエルがハイチの歴史小説『この世の王国』（*El Reino de este mundo*, 1949）を奴隷の立場から書こうとしていた時に、ハイチでインスピレーションを受けて見出した「驚くべき現実」に由来している。アレクシはカルペンティエルがハイチに来た一九四三年に講演を聞いている。カルペンティエルの発見は、ハイチで人びとが見えないヴードゥーの神を現実的にイメージできることに驚嘆し、南北アメリカの人びとは理性的な西洋と違って、超自然的なものを日常の一部として自然に受け入れることができ、新鮮な驚きに満ちた生活を送っていると認識して注目したアメリカ特有の感性である。同時期にハイチで、アンドレ・ブルトンはヴードゥーの神の世界を生き生きと描くハイチ芸術に、シュールリアリズムの見地から強い感銘を受けた。早い時期に黒人共和国として独立し、他の欧米の植民地と比べて西洋文化の影響の少ないハイチには、アフリカ由来の原初的、霊的な文化が色濃く残されたのであり、それが西洋文化の視点から新鮮に映ったのである。

アレクシは「ハイチ人の驚くべき現実主義」において次のように語っている。

対照的に見れば、最近まで自然と接触して生きなければならなかった世界の低開発地域の人びとは、何世紀もの間、目、聴覚、触覚を特に研ぎ澄ます必要があった。産業生活が高度に発達している人民は、一方で、物質文明が多くの努力を使わせずに済ませたので、最近数世紀の間彼らの感覚をそれほど使わなかった。…他方、世界の低開発地域の人びとは、機械的文明と、いわゆる「自然な」生活の混成を知っており、彼らが特別生き生きした感情をもつことには議論の余地がない。彼らが向き合わねばならない問題、生活の低水準、失業、貧困、飢え、病気もまた、解消することが重要な問題であり、我われはこれを見逃すことはしない。

こうした特別に生き生きとした感情は、これらの人民に、用いるべき芸術的な可能性を与えている。…別の角度からいえば、現実は低開発コミュニティの一員にとってあらゆる側面において理解可能ではないので、彼らは相対性や驚くべきものについての認識を、自然に日常の現実のヴィジョンへと置き換えるのである。（Alexis ⑤ 146）

ハイチの人びとを「世界の低開発地域の人びと」と位置づけることで、「驚くべき現実主義」という認識の仕方には、「貧困、飢え」などと結びついた経済的政治的背景があることを、すなわち第三世界を生み出した世界の植民地構造の背景があることを明確に指摘している。この政治的経済的な視野からの理解がカルペンティエルとアレクシとの大きな違いである。また、アレクシは社会主義リアリズムを、「ハイチ文化の前衛的闘争員」（Alexis ⑤ 148）が豊かな文化遺産［驚くべき現実主義」に基づいて仕事をするための一つの方法であるとして提示している。アレクシは「神秘的な人生観から影響を受けている宗教的な芸術作品を否定する人は間違いなく誰もいないように、ハイチの文化人はダイナミックで積極的で科学的な方法で、すなわち社会主義リアリズムの方法で、人生の厳しい現実に対するあらゆる人間的抵抗を、すなわち過去から人びとに伝えられた作品や形式に含まれた、あらゆる感情、奮闘、苦悩、希望の長い叫びを結びつけることができるだろう」(Alexis ⑤ 148) と述べている。社会主義リアリズムによって「驚くべき現実主義」という一見神秘的な豊かなハイチの文化に科学的な視野からアプローチすることは、神秘主義的な宗教作品を論じることとまったく同じように可能である、という主張である。マルクス主義の立場から、カルペンティエルの見出した、現実と超現実の並存するハイチの魅力を生かそうとしている。

(四) プロレタリアート小説とハイチの驚くべき現実主義の統合

前述した社会主義リアリズム芸術論の四つのうちの最初のガイドラインとは、「プロレタリア的——すなわち労働者階級に関係し、彼らに理解できる」(Leak 137) ものということである。日本で分類されるプロレタリア文学は一九二〇年代と三〇年代に現れたが、一九三一年の満州事変の頃から弾圧が厳しくなり消滅していった。ハイチのルマンやアレクシの場合は、第二次大戦の終了の頃書かれているので、日本の文学より明るい展望が見出せても不思議はない。

アレクシの小説で、イラリオンは間違いなくプロレタリアートである。ポルトプランスのスラムの一角に住んでいるが、仕事がなく、激しい空腹に襲われ、夜中に家に盗みに入って、つかまってしまう。ポルトプランスの牢屋に入れられて、そこで共産主義者であるピエール・ルメルと出会う。出獄後、ルメルの紹介で仕事を得て、イラリオンはウールーズと出会って、結婚する。ウールーズは小さな店を開き、手作りの食べ物などを売る。幾分経済的に安定しただけでなく、共産主義者で医者であるジャン・ミシェルと知り合い、そのおかげでイラリオンは持病のてんかんも完治させることができる。人生を振り返る余裕ができ、マルクス主義の夜学ではハイチの歴史を学び始める。ところがアルティボニト川の大氾濫があり、国全体が食糧不足となり、ウールーズの店にも売るものがなくなってしまう。追い打ちをかけるように、近所で大火事が発生し、イラリオンの生活は破壊され、二人は従兄を頼ってドミニカ共和国へ渡ることになる。子どもも生まれ、落ち着いたと思った頃、虐殺が起こり、最後はイラリオンの死で終わっている。こうした展開からは、日本のプロレタリア文学と変わらない労働者像が窺われる。

一方で、この小説の結末は絶望的に描かれてはいない。そこに、ハイチを愛し、ハイチの人びとを信じ、未来に確信をもっていた著者アレクシの肯定的なハイチ観を窺うことができると思われる。先に引用したデュヴァリエに宛てた手紙で、アレクシは他国の方が自分をもっと友好的に受け入れてくれるのであるが、自分はハイチにとどまりたいと述べ、その理由を、作家としての信念として次のように語っている。「真の作家は、節くれだった手を持つ人びと、すなわち我われの努力に唯一ふさわしい人たちと日常的な接触をしていなければならないのです。…我われの人民の日常生活の脈動を身近に知るためには、大衆の最も深い層の中に直接飛び込むしかないのです」。実際、このように作家にとって重要とされた、一般の人びとへの愛情と信頼は、本小説の特徴として窺うことができる。大火事に焼きだされ、絶望した人びとの姿をアレクシは次のように描いている。

人間は美しく、優しく、愛らしい。見たまえ、荒廃の中で奇跡のように押し出された、あの女の腕の際立つ美しさを。空を背に直立する、あの男の体の力強い均衡を。人間の思いやりの美しさ、手に手を取って立つ、あの愛し合う男女を。生と死の魔物たちの餌食である、あの永遠の犠牲者の顔を。自分の愛と希望の賜物を守る、あの身重の女の断固とした決意を。破壊され打ちのめされて横たわるあの身体の表情を。災害から持ち物を救い出したいと願う人びとの祈りの手を。（Alexis ② 211）

不幸に打ちのめされ、悲嘆にくれた人びとは、無力ではあるが、ただ犠牲者として弱弱しいだけではない。その苦しみも、絶望も、願望もすべて含めて、人として「美しく、優しく、愛らしい」と、その人間らしいありのままの生が尊ばれている。

ここで、アレクシと同じようにハイチの人びとの存在自体に大きな力を感じたらしい現代のハイチ人作家の著作を紹介したい。二〇一四年に出版された「ハイチから書く地震後のコミュニティ」という記事の中で、マーティン・マンロー（Martin Munro）は、二〇一〇年一月のハイチ地震以後に出版されたダニー・ラフェリエール（Dany Laferrière）の著作、『周りのすべてが揺れた』（*Tout bouge autours de mois*, 2010）を取り上げて、次のようにコメントしている。

見かけは堅固で、人間の作ったものを無慈悲にも打ち倒したが、地震はまた、たとえ束の間であっても、自然現象の底に潜む力と持続的な性質を明らかにした。そうした自然現象の中にはポルトプランスの人びと自身も含まれていた…。花の香りと視覚的な美しさが生き残るように、束縛され、不当な待遇を受けた人びとの奥深い人間性が、災害に直面しても揺るがずに残り、自らが不滅であることを証明していると、ラファリエールは考えている。（Munro 199）

不遇の状況の中でラファリエールはハイチの人びとの深い人間性に触れることができたのだが、アレクシも同じようにハイチの人びととの生そのものに信頼と希望を感じ取ることができたのではないかと思われる。

本書には登場人物が多い。主人公たちと無関係の人びとさえ、作中でそれぞれの人生を生きている。とくに、物語が進行していく前の導入的な部分、冒頭の「プロローグ」と次の「第一章」において顕著である。イラリオンの居住区であるナン・バーミストの人びとの名前が次つぎと挙げられる。洗濯女のセ・ヤヤは「姉さん」（Alexis ② 4）と呼ばれている。ティ・ルシャは鬨の声を上げる雄鶏の持主であり、フレ・カは夜眠ることがない。セ・ファムは毎朝すばらしいアカサン（コーンミールの粥）を料理する。イラリオンの叔母クリスティアナにも言及があり、叔母は「本当の黒人女性だ」（Alexis ② 4）とイラリオンに賛美されている。

続く章では、イラリオンが逮捕され、通りを歩いていく。そこでは人びとがそれぞれの輪を作り、おしゃべりをしている。二人の女性、ジャルディーンとラリュは口論をしている。誰かがティ・ヨセフという名を口にする。ヴェルチュリは入院中である。誰かがジャン・ルイに話しかける。イラリオンの母が息子のために雇った弁護士のメ・メスムが登場する。

これらの人びとの物語は語られないが、主人公たちとハイチの空間と時間を共有する多くの人びとの存在とそれぞれの人生が意識されている。貧しさは共通でも、多様な人生にはそれぞれの豊かさがあり、多様な可能性が開かれている。

本小説では人間だけではなく、自然や感覚的に捉えられるあらゆるものが、擬人化され、世界に豊かな生命を吹き込んでいる。ハイチは驚くべき現実に満ちており、一人残されたウールーズを見守る太陽将軍のように、生のエネルギーを放射している。コーツも、「まったく異なるカテゴリーの登場人物として、擬人化された、あるいは隠喩的な、自然現象がある」（Coates xx）と紹介している。「プロローグ」でイラリオンは「惨めさは狂気の女である」（Alexis ② 3）、彼女が至るところ物乞いをして通り抜けるのを自分は見たと語る。ポルトプランスはポルトクライム（犯罪の港）と呼ばれ、「山のふもとに横たわり少女のように両足を広げて眠る」（Alexis ② 8-9）、「美しい売春婦」（Alexis ② 9）、と描写される。小説の冒頭では夜が擬人化され、「荒い呼吸をしている」（Alexis ② 3, 4）、

「騒々しく」呼吸をしている（Alexis ② 6）、「黒い肩とまばらな髪をして」（Alexis ② 8）とか、「狼のように忍び去る」（Alexis ② 11）、最後には「明け方の近い灰色の夜はほの白くなり、悲し気になった」（Alexis ② 14）と描写されている。

さらに、逆に、人間が自然に変容している例もある。通りで口論をしていた二人の女性、ジャルディーンとラリュは囚人を引き連れた警官が到着すると、「驚いた鳥のように」（Alexis ② 28）姿を消している。警官が囚人たちを連れて裁判所の階段を上がると、紳士たちの一団は「風を受けたトウモロコシの茎のように」（Alexis ② 30）外側へ反り返る。警官がイラリオンに監獄で着用するズボンと上着を手渡すと、イラリオンの頭の周りを諸々の思いが「畑に降り立つ鳥の群れのように」、「開いた嘴とピンク色の舌を見せて、荒々しく鳴き声をたてて羽をばたつかせながら」（Alexis ② 34）飛び回り始めた。こうした描写から、人間も動物や植物と変わらず、それぞれが自然の中で対等な生を生きているという認識が窺われる。

ポルトプランス地域を襲った「小型のハリケーン」（Alexis ② 70）の描写に、そうした特徴がよく現れている。風の到来は「港の上空のペリカン」（Alexis ② 69）を旋回させ、「海」に「緑のドレス」と「レースの泡のショール」を着せるのを手はじめに、「ココナツ椰子の木」、「アカシア」、「マンゴー」、「月桂樹」、「あらゆる方向に急ぐ」「金切り声を上げる自動車の群れ」、「人びと」、「カラス」、「アノールトカゲ」、「最後の空いた窓に飛び込む」「恐れおののいた蚊」、「鶏」、「犬」、「汚い黄色」になる「空」（Alexis ② 69）など、街のあらゆるものが「怒れる偉大な首領」（Alexis ② 69）である風に翻弄される様子が描かれる。人間だけでなく、小さな虫や動物、草木、自動車まで、多種多様な生命がポルトプランスに共生していることが感じられる。

豊かな生は、市場へ向かう人びとの描写にも窺われる。

土曜日、ラリュ通りは山から内地へと蛇行しながら降りてくる巨大な血管、ポルトプランスの全身に栄養を与える大きな血管である。キャベツ、人参、あらゆる野菜、貯蔵品、新鮮な果物、バナナやヤムイモ、マンゴー、オレンジ、ピスタチオ、それからぶうぶういう豚、メーメー鳴く山羊、コッコと鳴く鶏がいる。これらすべてが血流のように動脈を通って脈打っている。ロバに、男の背中に、女の頭に、荷を載せて、あらゆるものが震え、輝き、奮闘し、太陽に向かって叫んでいる。（Alexis ② 26）

ハイチは生命に満ち満ちている。あらゆるものが生のすべてを求めて奮闘している。階級的人種的抑圧を打ち破る道程は困難であろうとも、死をも乗り越える人びとの活力をアレクシの描くハイチから窺うことができる。

注

注1　この事件が、前章で見たように、マッケイの小説『ハーレム帰還』でハイチ出身者レイの兄の死を引き起こしたという設定となっていた（Mckay ⑧ 138）。

第七章

パピアメント語文化の継承と発展に尽力した エリス・ジュリアナ（キュラソー出身）

――グローバル時代に一地方語であるクレオール語の文化伝承の意義を追求――

エリス・ジュリアナ（Elis Juliana, 1927–2013）はキュラソーの詩人、画家、彫刻家、民族誌学者、民話収集家であり、おもにパピアメント語で文学活動をした人である。キュラソーは五島ある旧オランダ領アンティル諸島のうち、リーワード諸島に属する三島のうちの一つである。二〇一〇年にオランダ王国を構成する四つの独立国の一つとなった。パピアメント語は、キュラソーで生まれ、他のリーワード諸島、別名ＡＢＣ諸島と呼ばれるアルバ、ボネールとキュラソーにおいてのみ話される地方的な言語である。二一世紀になって初めてアルバ（2003）、ボネールおよびキュラソー（2007）で公用語と認定された。それまでは文書や学校教育において、もっぱらオランダ語が用いられたのである。一九九三年の統計ではパピアメント語を母語としている人びとはカリブで二六万人、オランダで七万人であった（Fouse 1）。ジュリアナの詩集である『パピアメント語の俳句』（*Un mushi di HAIKU*, 1993）をすべて英訳し、博士論文として論じたエレーヌ・ガレット（Hélène Garrett）の研究書『エリス・ジュリアナのパピアメント語の俳句に見られるアイデンティティ』（*Identity as seen in the Papiamentu Haiku of Elis Juliana*, 2016）を参考に、本章ではジュリアナの俳句の考察を通してパピアメント語圏の人びとの生活や文化への理解を深め、そのカリブ性を探っていく。

一．クレオールという概念とクレオール語としてのパピアメント語

クレオールという語はスペイン語（crear）やポルトガル語（criar）に由来し、創るとか育むとい

う意味で、大航海時代に南米やカリブへの人びとの移動が始まった結果、その地で生まれ、新たに出現したそこを故郷とするヨーロッパ人やアフリカ人たちを指す言葉であった（Fouse 9）。このように、民族の大移動により新たなカリブ生まれの人びとによる歴史が創り出されていったわけであるが、それは現地に在住していた先住民に加え、ヨーロッパ人、アフリカ人らがそれぞれの民族の固有の歴史を刻みながらも共存していくことによって発展していった。しだいにクレオールとは、人に関してはヨーロッパ人とアフリカ人との混血の人びとのみを指し、また一八世紀には言語についても用いられ、ヨーロッパ諸語に他の言語が影響して生まれた混成語を指すようになった。[1]

一九八〇年代にはマルティニークのエドワール・グリッサン（Édouard Glissant, 1928–2011）がクレオール主義という概念を民族主義的な理論として取り上げて、クレオール化という混合による創造過程そのものをカリブらしさとして提唱するようになった。これは一九三〇年代後半からのネグリチュード運動が、カリブのアフリカ性を打ち出すことでカリブを植民地支配下に置いてきた西洋文明に対抗しようとしたことに対し、そのアフリカ中心主義から離脱し、移動と共生の現代にふさわしい価値観として提示された。キュラソーの人びとが「パピアメント語の物語は、押しつけられた異国の単一言語イデオロギーに対して言語的多様性が勝利した物語の一つである」[2]と宣言する姿勢からは、ヨーロッパの圧力にうち勝ってきたカリブの歴史であるクレオール語に対する誇りが窺われる。

キュラソーの歴史を辿ってみよう。一五二七年にスペイン人が到着し、その後オランダ人の領土とされたのが一六三四年であった。オランダが支配していたブラジルがポルトガルに奪われると(1654)、ブラジルのオランダ植民地にいたユダヤ人が一六五九年に移住してきた。オランダは一四九二年にスペインを追われたユダヤ人を許容した国なので、ユダヤ人との縁が深い。こうしたヨーロッパ系の人びとの移動に伴って、次第に労働力としてアフリカ系の人びとが多く連れてこられるようになる。キュラソーは他のカリブ地域と異なり、土地が農地に適さないため、サトウキビ農園などが発展せず、奴隷はあまり多く必要とされなかった。その代わりに、南米にも近く、港として自然条件がよかったため、奴隷競売を含め、貿易の拠点として経済的に発展した。「オランダがアフリカ奴隷貿易を支配するようになると、キュラソーがアフリカ人の到着地となることは自然であった。こうして一六五〇年までにはキュラソーは重要な奴隷貿易の拠点となった」(Fouse 57–58)。

このように人びとの交易の場であったことが、多くの言語の混じったパピアメント語を作り出したと考えられる。パピアメント語は一七世紀に生まれ、「一八世紀にはリーワード・アンティル諸島住民の多数が、奴隷の人びともエリートもともに使う地方語になっていた」(Broek 2) という。他のクレオール語は大衆の言語にとどまり、ヨーロッパ語と区別されて、話す階層が分かれているのだが、パピアメント語はその中で例外であった。一八三七年にはパピアメント語で書かれた最初の本であるカトリックの教理問答書が作られ、これが植民地時代のパピアメント語の読み書きを支えたという。[3] 奴隷制廃止はオランダ植民地がカリブで一番遅く、一八六三年であった。

パピアメは「話す」、メントは「なされる方法」という意味で、パピアメントとは話し方という意味であるという。[4] クレオール語が形成される場合、一般的に語彙は優勢なヨーロッパ言語のもので、構造は従属する言語からの影響を受ける（Fouse 10）。エックラマー（Eva Eckkrammer）の研究によるとパピアメント語についても、語彙の三分の二はスペインかポルトガル、二八％がオランダ、その他がイギリス、フランス、インド、アフリカ起源であるという（Eckkrammer ② 61）。

二．一地方の言語をめぐる問題

パピアメント語は家庭内で日常使われる言語であるが、現在でも高等教育を受けるにはオランダ語が必要であり、その後グローバル時代に生きていくためには地元の言葉に頼ることには明らかに限界がある。それではなぜ現在そのような言語が公用語となり、またその継承と発展が目指されているのだろうか。先に引用した一文も含む、ユネスコの二〇〇九年の「世界の記憶登録」に寄せられた「パピアメント語による最初の教理問答書」の解説の四章三節f項「社会的／精神的／コミュニティへの意義」から以下を抜粋してみる。

パピアメント語はＡＢＣ諸島のコミュニティにとって大きな精神的、政治的、文化的な意味がある。これを根絶しようとする植民地の努力の下で生き抜いただけにとどまらず、コミュニティの団結の基盤であることはもちろん、公的政治的な言説の主要な言語へと繁栄を遂げた。

世界の他の多くのクレオール語と異なり、パピアメント語はこのコミュニティの中で強力な役割を担っており、公式の場で、特に議会で、政府と市民との間のコミュニケーションにおいて、日常生活において用いられている。二〇〇一年からパピアメント語は我われの教育体制を近代化する努力の一部として、教育のために用いられる言語として漸次導入されている。

パピアメント語はABC諸島の文化的アイデンティティを体現している。リーワード・アンティルの民族的文化的言語的に多様なコミュニティにおいてパピアメント語は所属と統一感を与えるしばしば唯一の共通要素である。クレオール言語としてパピアメント語は、我われの社会を特徴づける、言語的多様性と異文化の接触の精神において栄えた。我われの社会を成功させた寛容、受容、異文化理解という価値はパピアメント語に符号化されている。それゆえパピアメント語はこれらの価値を未来の世代に伝えるために重要であり、我われが知る島社会の存続に不可欠である。

植民地支配の歴史に対抗して、その抑圧の下で生き延びてきた被抑圧者、アフリカ系のマジョリティが築き上げてきた歴史と、豊かに繁栄する社会の象徴として、この地域のユニークな言語が称えられていることがわかる。教育の言語について言及されていたが、かつてはすべての学校教育はオランダ語で行われていた。一九八七年にはパピアメント語が小学校で学ぶ科目となり、キュラソーとボネールでは二〇〇四年から小学校で教える際に、一部使われるようになった（Eckkrammer ① 84）。子どもたちの日常の言語をより重視する方向になっている。

一方で、二〇〇六年にアルバの問題としてパピアメント語の話者が減っていると、その衰退を懸念する記事が載っているので、紹介したい。

この島の収入の八〇％が観光で、人口一〇万人の島が毎年一二〇万人の客を受け入れるのだが、大多数は英語を話す客である。そしてホテル産業の低賃金労働を支えるために、二九キロしか離れていないベネズエラやコロンビアから絶えず移動労働者が入ってくるのだが、スペイン語圏の彼らはパピアメント語を学ぼうとはしないのだという。また、もっと脅威なのは英語であり、若者たちの関心はＣＤやＤＶＤや音楽にあり、それらは皆英語であるからだと、アルバの著名な言語学者は述べている。「言語学者は世界の六〇〇〇の言語の九〇％が今世紀の終わりまでには危機に陥ると予言している」（Los 23）という時代の流れの中で、パピアメント語の生き残りが危惧されている。

キュラソーではパピアメント語の豊かさを生徒たちに伝えようと、パピアメント語で詩を書くことを推進する市民活動が行われている。「言語芸術」（Arte di Palabra）という組織は、ボランティアで学校を訪問し、ワークショップを開催して詩作の指導を行い、生徒の書いた詩を集めた本を出版している。[5] 日常の会話で使うだけではなく、より複雑な高度な言語世界へと導いていく努力が続けられている。

エックラマーによると、「アンティル人の多くはバイリンガルかトリリンガルか、あるいはある程度四言語を操る人もいる。…この地域の多言語性は日常会話でコード転換がかなり頻発するという状況に反映されているが、また、書かれた文脈においても、二つかそれ以上の言語間での転換が意識的に行われている」(Eckkrammer ① 80)。筆者がキュラソーで開かれたカリブ国際文学会で出会った人びとは、オランダ語のほかに英語はもちろん、ドイツ語やフランス語を話せる人もいた。スイスで学位をとり、ユネスコで働いて、おもにアフリカの子どもたちに関する仕事をしてきたという女性とも出会った。[6] つまり、母語のパピアメント語のほかに主要な言語の習得は絶対に必要なので、逆にグローバルに活躍できる人が多いということである。パピアメント語の隆盛は、バイリンガルが当然である社会の形成と連動しているといえる。カリブは小さい地域ながら、国際的に活躍する人が多いのは、小さいからこそ外へ出なければならないという必然性があるからと思われるが、パピアメント語の狭さも、かえって外へと広がる契機となっている。

三　パピアメント語文化の継承と発展への歩みとジュリアナの貢献

パピアメント語による文学の歴史を書き、選集を編集したアールト・ブルック(Aart G. Broek)はオランダ人であるが、二〇年間キュラソーに住み、パピアメント語も達者であるという文学研究者である(Fouse 188)。アールト・ブルックの評論「パピアメント語によるイデオロギーと著作――概観」(2007)を参照して、歴史を辿ってみたい。ブルックによると、「一九世紀において、パピアメント語は文学的な著作の媒体としてはいうまでもなく、一つの言語とみなされてもいなかった」（Broek 2）。だが、奴隷制廃止後、パピアメント語による最初の新聞『教育者』（*Civilisadó*, 1871–1875）が発刊され、二〇世紀になってコルセン（Joseph Sickman Corsen）の「たそがれ」（Atardi, 1905）などの詩や小説が雑誌に発表されるようになる。その後、一九一五年に石油会社がキュラソーに精油所を建設したことにより、キュラソーは大きな社会的経済的な変化を経験する。「第二次大戦前の二、三〇年で一九世紀の農業と商業の社会から、二〇世紀の産業と資本主義の社会へと急激に変化」（Broek 3）していった。これに伴ってカリブから数千人の労働者とオランダから数百人のホワイト・カラーが移入したことで、人口と社会階層に大きな変化が生じた。このことでおもにローマ・カトリック教徒であったアフリカ系の人びとが、道徳的に危険に晒されることを懸念して、一九二〇年代には道徳的にローマ・カトリックの教えへの帰依を説く「テーマ小説」（Broek 3）がパピアメント語で多く書かれたという。だが、一九三〇年代や第二次大戦後には世俗化が進み、一方で戦争で痛手を受けたオランダ本国を援助する立場になるなど、キュラソーの人びとの誇りと自信は高まっていった。

ブルックによると、パピアメント語による口承文化の採取や評価にも関心が集まり、その再評価に功績のあった人びとの名前が挙げられているが、その一人がエリス・ジュリアナである。ジュリアナは、カトリック神父（Paul Brenneker）、文化人類学者（Rene Rosalia）などとともに、二〇世紀初めから半ばにかけて、かつて奴隷であった人びとも含めて聴き取り調査を行った。それらがテープや筆記録という貴重な資料として保存され、口承文化の研究に貢献しているという（Jong 198）。

ブルックは、ジュリアナが詩人として口承文化の伝統を生かした創作を行っていることを、三つの点から指摘している。一つは修辞的な効果であり、「タンブ（*tambú*-songs）［アフリカ起源の地元の太鼓］の歌やバンデリタ（*banderitas*）［小さな旗に書かれた格言的な文］の特徴である、きらめくような隠喩に収められた意図的な曖昧さと先鋭な当てこすりが、しばしばジュリアナの詩に見出される」（Broek 7）という。二つ目はコンタ・クエンタ（*konta kuenta*）［ストーリー・テリング］の伝統からの「強い物語的な要素」であり、これはジュリアナの短詩にも見られ、またさらに「詩の一部を特徴づける対話形式」（Broek 7）も、ジュリアナの詩に用いられているという。三つ目は、パピアメント語が言葉としてもつ「音楽的リズム」（Broek 8）の活用ということである。

パピアメント語の音の面を「活用すること」は、タンブのような既存のアフロ・アンティル音楽のリズムを使うことによって、また韻律と音の配列を、適用できる限りで注意深く扱うことによって、実現される。カリブのスペイン語や英語の類似した詩とは対照的に、このポエジア・リトミコ（*poesia ritmiko*）［リズミカルな詩］は言語そのものに内在する面、すなわち音節の音の高低を通して、音楽的なリズムを作りあげることができる。パピアメント語の場合、音節の音の高低によって、関係する音節がその一部分を形成している単語の意味を決定するのである。この現象はかなりの詩で工夫され、厳密な詩形式に対抗している。話し言葉のリズムとメロディが詩に入り込む場合は他でも同じであるが、音の面を磨くことは「自由詩」とつながるのである。エリス・ジュリアナとピエール・ローファ（Pierre Lauffer）は、このリズムと音の現象を深めた点で群を抜いている…。（Broek 7–8）

ここで、音を幾分かでも予想できるように、パピアメント語を紹介しておきたい。動詞に人称の変化はない。

Mi ta bai. I go.

Bo ta bai. You go. (Fouse 19)

現在形では主語と動詞の間に ta が入り、過去になると a が入る。

Mi a bai. I went.

Bo a bai. You went. (Fouse 20)

日本語と同じように、母音が多いことが特徴である。ちなみに、キュラソーの飛行場はハト（Hato）空港である。

四．ジュリアナの俳句に見られるコミュニティの知恵

ブルックはジュリアナについて、「クレオール主義の大いなる擁護者」であり、「アフロ・アンティ

ルの生活様式と願望に対して鋭い批判と暖かい共感の両方を見せながら」長らく詩作を続けていると紹介している。そしてジュリアナの「教訓的な姿勢にもかかわらず、というより、そのために」彼の詩が広く受け入れられるのだろうと述べている。ジュリアナのパピアメント語による四つの詩集（1977, 1980, 1983, 1988）は、「並ぶもののない詩的宝物」として愛されてきたそうである（Broek 15）。

そもそも口承文化の世界は、次世代に経験として積み上げられた「知恵」を伝達することが重要な使命であると思われる。大切なことを語り継ぐことで、人びとは自分を知り、過去とのつながりを感じ、未来への展望をもつことができる。記憶に留めやすいのは、反語や警句や物語である。口承文化伝統の根強いアフリカやカリブでは諺がよく用いられることは知られている。たとえば、クロード・マッケイ（Claude Mckay）の詩集『ジャマイカの歌』（*Song of Jamaica*）では、五ヵ所に諺への言及が見られる（Mitsuishi ① 104, 109n39）。レゲエでも諺がよく用いられており、ルーツ・レゲエに現れる諺を考察した研究書（Prahlad）もある。本書でもハイチのアレクシの小説『太陽将軍』には、二〇の諺が見られることに触れた。ジュリアナは物語も語るが、俳句という短詩を媒体とすることによって、諺や警句的な機知が託されやすいと思われる。

ガレットの翻訳した『パピアメント語の俳句』（*Haiku in Papiamentu*, 2003）に収められた一八四の詩は、日本と同じく自然を扱ったテーマも多いが、その場合でも人間的な「知恵」が中心となっている。筆者による分類では、約四〇％に当たる七三の詩がこのテーマを扱っている（Mitsuishi ①

103)。筆者はこのテーマの詩をさらに五タイプに分類したのだが、それぞれの句の数を示し、例として一句ずつ挙げる。番号はガレットが博士論文でつけたもので、詩集に並ぶ順である。パピアメント語の三行詩の原文を載せ、その英訳を日本語に訳したものを補った。

（一）アレゴリー（一四句）

＃47　Un lora semper/ por defendé su kurpa/ ku ta otro di.

（オウムはいつも自己弁護できる。「これは誰かがいったことだ」といって）

（二）警句、諺、道徳（二六句）

＃18　Difísil tende/ gritu di stoma bashí/ si di bo ta yen.

（自分が満腹な時、誰かの空きっ腹が鳴るのを無視することはたやすい）

（三）逆説的認識（九句）

＃22　Libertat di mas/ ta buta hende sera/ su mes den prizòn.

（過度な自由は人を自分自身の檻に閉じ込める）

（四）一般化された態度や傾向（一四句）

＃97　Wowo di muhé/ tin un chispa pa sende/ Kualkier kurason.

（女性の目はそれぞれどの心も燃え立たせる火花である）

（五）哲学的な抽象（一〇句）

109 Loke ayera/ tabata piká mortal/ awe ta normal.

（昨日大罪であったことが今日はまったく正常であるように見える）

右の五つの例から、ジュリアナの意味する俳句とは、五、七、五音節を厳密に守った形式の詩形であることがわかる。音節数に加え、語を選ぶ時に音のリズムが工夫されているようで、句集につけられた「翻訳者による序論」でガレットは英訳の際の苦労を語り、「声を出して数回読んで初めてその句の秘密が明らかになる」（Garrette ② XIII）と述べている。内容的にはオウムなど地元の鳥、人びとの貧しさ、カトリックの概念などが扱われ、生活ぶりが窺われる。

五. 日本の俳句との比較

次に日本の俳句と比較することで、ジュリアナの俳句の特性をさらに分析してみよう。ガレットによる英訳を併記した。なお、日本の俳句についてはイギリス人で俳句の研究者R・H・ブライス（R. H. Blyth, 1898–1964）の英語による俳句論全四巻（Blyth ①–④）を参考にして伝統的な句を選択した。

（一）雨漏りと隙間風

1　Un bon yobida/ ta munstra e buraku/ den dak ku ta lèk.
A Heavy downpour/ brings to light the aperture/ in the roof which leaks.
（土砂降りは屋根のもれる穴を明らかにする）
虫鳴くやきのふは見えぬ壁の穴　一茶（Blyth ④ 1077）

ともに家に穴を見つけた折のことを歌っている。こうした家に住む人はそれほど豊かな暮らしはしていないだろうし、そのため、雨に濡れたり、冷たい風に晒されたりして不便を被っている。一方で、両者は意外にもそのことで利益を得ている。カリブでは穴の位置を見つけて雨漏りを防ぐことができ、日本では気づかなかった虫の声を楽しむことができた。両者の違いは力点の置かれ方である。カリブでは、幸い転じて福となるといった転覆に中心があり、教訓的意味が中心となり、逆境にあっても、いいことがあるかもしれないから負けるな、といった励みになると思われる。日本の俳句では、虫の音に気づくことで、隠れた真実に気づくという禅的な発見と、虫の音を静かに楽しむ風流な自然鑑賞がおもな内容となる。日本の場合は個人的な生き方が語られるのに対し、カリブの場合は教訓として多くの人に共有される内容となっている。

（二）泣く子ども

65　Mucha ta yora./ El a habri paraplü./ awa no ke kai.

A child is crying./ He's opened his umbrella./ but it just won't rain.
（子どもが泣いている。傘を広げたが雨は降ってこない）

名月を取ってくれろと泣く子かな　　一茶（Blyth ③ 942）

子どもが理不尽に泣いている。日本の方がより非合理であり、比較するとカリブの方には現実的で社会的な理由が見出せる。ともに、生半可な賢さの大人には理解できない純粋な強さで、子どもたちは月の美しさや干ばつの深刻さをアピールしている。これらについても、コミュニティ全体に意味をもつカリブの内容と、個人的で唯美的な日本の自然との関わりという違いが見出せる。

（三）秋のハリケーンと台風

＃45　Sèptèmber lama/ I bientu ta kuminsá/ kastigá tera.
September seas and/ howling winds have begun/ to castigate the land.
（九月の海と荒れる風が陸地を折檻している）

底のない桶こけありく野分かな　　蕪村（Blyth ③ 956）

秋の激しい風を扱っている。ジュリアナの俳句では自然は「折檻している」と道徳的なニュアンスがあり、神の御手が背後に感じられる。一方底の抜けた桶は役に立たないほとんど粗大ゴミの状態であり、風に転がされていても誰も気にかけない。ブライスは禅の思想を引き合いに出して、底のない桶は「悟りの象徴」として用いられており、桶は秋の嵐の「激しく、無関心で無頓着な性格」（Blyth ③ 956）を示すと解説している。同じくこうした違いを示す、ジュリアナの別の句を挙げてみよう。

＃40　Piki sin kabu/ ta warda ku pasenshi/ den mangasina.
A handleless pick/ bides its time with great patience/ within the tool shed.
（柄の取れたつるはしが道具小屋で忍耐強く時機を待っている）

柄のないつるはしは、底のない桶ほど役立たずではないが、両者はまったく別の世界に生きている。ジュリアナのつるはしは人の役に立つための道具として、おそらく長く働いたために柄も取れてしまったと思われるのだが、それでもまだ自分の務めをまっとうしたいと出番を待っている。この道具は、一生農作業を地道に続けて年老いてきた人びとの存在の比喩であろう。我われはこの道具がまだ捨てられずに置いてあることに、ほっとする。勤勉に働きつづけた人びとを暖かく見守るコミュニティが背後に感じられるからである。

他方で、蕪村の桶はガラガラと騒々しい音を立てて転がり、存在感はあるものの、無用の長物で目的もなく、無意味である。禅的な非合理、不条理の世界が現れている。その無意味を悟ると、我われはありのままの世界を静かな境地で受け入れ、慈しむことができる。俳句を好んだアメリカのビート派の詩人たちとは違い、ガレットによれば、ジュリアナは東洋思想に関心がなく、芭蕉の存在も知らなかったそうである（Garrett 58）。[7]

ブライスは「俳句は一種の悟りであり、そこで我われは事物の生をのぞき込む」（Blyth ① 8）と説明している。「我われはごくありふれた事物や、これまで完全に見過ごされていた事実がもつ、言葉で表現できない意味を理解する。…事物は我われの中の事物自身に気づき、我われはただ自意識によって事物に気づく。我われと事物との、万物との、（見かけ上の）再結合の喜びは、こうして我われが真の自己となる喜びなのである」（Blyth ① 8-9）。禅的な表現ではあるが、俳句によってありきたりのものから生の真実に到達する喜びは、まさにジュリアナのつるはしの場合にも当てはまる。

六．意図的な曖昧さに見られる被抑圧者の知恵

最後に、ブルックがジュリアナの詩の特徴として挙げていた、口承文化から受け継いだ「意図的な曖昧さ」について述べたい。それは、被支配者として生きながらえた人びとに強いられた知恵として発達していったのである。次のような句がある。

145　Kurason kansá/ di hunga kore kohé/ ku kara tapá.

A heart very tired/ of playing "Go catch a thief"/ with a covered face.
（顔を覆って「隠れ鬼ごっこ」をするのにはうんざりした心）

この句にガレットが次のような解説をつけている。

ジュリアナはこの句で、奴隷とその子孫たちが、隠れたり顔を覆ったりする遊びに疲れ果ててしまったと説明している。ただ見せかけることによってのみ、人は生き延びることができたのであり、偽善者であることによってのみ、人は生き続けることができた。人々はまっすぐに正直でいたいと思っていたが、厳しい待遇や死からさえ逃れるために彼らがもっていた唯一の選択肢は、この欺瞞が自分たちの魂にのしかかる重さを十分に知りつつも、自分に降りかかってきたことを受け入れるということだった。（Garrett ① 47）

弱者は絶えず強者を警戒しなくてはならない。真実を直接語ることは危険であり、伝えたい重要な真実は表面的にはナンセンスであったり、逆説や隠喩や寓話などを通して、陰で、隠れるように語られたのである。口承の物語として、アフリカ由来のトリックスターで蜘蛛の（ア）ナンシー（*Nanzi*）の物語が有名であるが、ジュリアナの句にも次のものがある。

155　Nanzi ta papia/ nèchi ku e muskita/ promé ku e ku'é.
Nanzi is speaking/ politely to the fly/ before capturing it.
（ナンシーはハエを捕まえる前にハエに礼儀正しく話しかける）

このような強者の横暴に警戒を怠らず、巧みにすり抜けていくために、人びとは絶えず見せかけて、自分自身を隠さなければならなかった。そうした抑圧下の人びとの心を解き放つ、晴天のカリブ海の光景を眺めてみよう。

173　Un dia solo/ lo divulge selashi/ di horizonte.
One fine day the sun/ will reveal all the gossip/ of the horizon.
（ある晴れた日の太陽が水平線のあらゆるゴシップをあらわにするだろう）

この句のゴシップとは醜聞というより、人びとが自分を偽った見せかけの下で声をひそめて交わしたささやきであり、陰口、悪口、本音であると思われる。この晴れた日、水平線まで続く海と空をいっぱいに満たす明るい太陽のきらめくカリブらしい風景の中で、人びとはすべての隠し事があらわになったように感じ、もう見せかける必要もなく、一切の虚偽から解放されて自由になった晴れやかな気分を味わうことができたのである。＃ 145 の句にあったように、生き延びるために自分を偽る日々を送っていた人びとにとって、カリブの美しい空と海はどれほど心を慰めてくれたことか、心を自由に解放してくれたのか、この俳句を通して推測できる。パピアメント語による俳句は、その言語の選択にふさわしく、何よりもパピアメント語を話す人びとに心を寄せて、コミュニティのよりよき生き方を希求して書かれているといえる。

注

注1　一七三九年にモラヴィア派の宣教師によるオランダ語を基盤とした混成語についての言及が、クレオールという用語が、言語に用いられた最初の例であるという（Fouse 13）。

注2　パピアメント語で書かれた最初の書物とされるカトリックの教理問答書をユネスコの「世界の記憶」として認定する指名応募書式に、宣言されている。

注3　表記についてはボネール・キュラソーとアルバとで綴りの違いがあるという（Fouse 4）。

注4　注2と同じ指名応募書式に解説されている。

注5　二〇〇〇年から二〇一三年まで子どもたちが書いた詩や俳句は、二〇一四年に出版された（Jessurun, editor）。

注6　この女性は自伝を出版している（Kwiers）。

注7　二〇〇〇年四月二五日と二七日に、ジュリアナの娘さんの家でインタビューした時に伺った話であるという。

おわりに

カリブはアメリカからはハワイより近いリゾート地であるが、日本からは本当に遠いところである。昨年は一一月にバルバドスで開かれた学会に参加したのだが、カナダ経由で出かけたところ、雪の積もっていたトロントから夏の気候であるバルバドスへ直行する移動は、予想以上に厳しくて風邪を引いてしまった。空間的な隔たりを実感した旅となった。

カリブ体験を振り返ってみると、最初に行ったところはフランス語圏のマルティニークで二〇〇一年のことである。マイアミ経由だったが、マイアミで自分が乗るはずの便が欠航となっていて焦ったことが思い出される。ハリケーンのためであり、翌日には無事に到着した。学会ではシャモワゾーとコンフィアンがスピーチをしたのだが、その当時はカリブに関する知識も乏しく、二人の話をじかに聞くという体験の重みが十分わかっていなかったのではないかと思う。その後、セントルシアの学会にはデレク・ウォルコットが参加し、トリニダード・トバゴではアール・ラヴレイスの講演を聞くという機会に恵まれた。こうした現実的なカリブとの関わりも、本書でのテクスト研究の基盤となっている。欧米と違い、カリブにとどまって作家活動を行っているラヴレイスのエッセイ集などは、出版社が地元のためアマゾンのネットワークにもなく、現地でようやく入手することができた。

本書には、「小地域の人びとの豊かな遺産」という副題をつけたが、「豊かな」に「知られざる」を付け加えた方が妥当だったかもしれない。たとえばジャマイカのレゲエやラスタファリ思想、ハイチのヴードゥー教やハイチ芸術、トリニダード・トバゴのスチールパン、豪華な仮装、カリプソ、カーニヴァルなどにはあまり触れず、ノーベル文学賞受賞者、高名な思想家、学者もいる中で、比較的馴染みのない人びとが取り上げられているからである。カリブの豊かな遺産はまだまだ埋もれており、知られざる遺産が評価を待っていると、カリブに対する探求心にアピールするように、本書が機能してくれればいいと期待している。

サン・ジョルジュやシーコウル夫人は、人種的偏見に晒されながらも、王室とも関わる表舞台で、カリブ人の多彩な能力や魅力を発揮した。メアリ・プリンス（ジェームズ）やエステバン・モンテホは、華やかな活躍で注目されることはなかったが、カリブ人として、奴隷の身分であることが決して恥ずべき屈辱的なことではないことを、誇りをもって示してくれた。クロード・マッケイやジャック・ステファン・アレクシからは、世界の西洋支配の構造を熟知したカリブ人ならではの、国際的な視野をもった政治的文学的貢献を窺うことができた。地元限定のマイナーな言語にこだわるエリス・ジュリアナは、地域の人びとの生活から生み出された文学が世界の主流と等しく普遍的な価値をもつことを示してくれたように思う。世界の大国に劣らない、小地域カリブの独自の存在意義を確信させてくれる人びとであった。ジョルジュ、メアリ、マッケイ、アレクシは人生において志を十分果たすことはできなかったかもしれないが、その努力は受け継がれ、今後のカリブの発展につながっていくと思われる。二〇一八年黒人研究学会主催のカリブのシンポジウムでも、風呂本惇子が「この地域が二一世紀の新しい政治を率先していこうとしている感すらある」(風呂本 12) とカリブの活躍を展望している。

本書の執筆にあたっては、大変多くの方にお世話になっているので、ここで一言ずつお礼を申し上げたい。

この本は原稿の段階で複数の研究者の方がたに読んでいただく機会があり、その丁寧で道理のあるコメントを参考にして、かなり書き換えることができた。自分が主張したいことは何か、自分が指摘できることは何かなど、もう一度考え直すことができたことは、得難い幸運だったと感謝している。時間を割いて細かい点まで指摘してくださった方がたに、まずお礼を申し上げたい。

四〇年近く東洋大学で教育研究に携わってきた者として、退職にあたって東洋大学出版会から本書を刊行できるのは、大変感慨深く、また光栄なことと感謝している。出版に至るまで東洋大学の多くの方々からいただいたご援助とご尽力に、心からお礼を述べさせていただきたい。書物として完成する最後の段階では、丸善雄松堂の橋本則夫、黒田健一、丸善プラネットの水越真一の各氏をはじめ多くの方がたに、校正を中心にさまざまな段階でお世話になり、出版にこぎつけることができた。ご苦労に感謝し、お礼を申し上げたい。

本書ではフランス語圏、スペイン語圏、クレオール語など、英語圏以外の著作も対象としたのだが、充実した翻訳や英語圏からの研究が大変助けになっている。本研究を進めることを可能にしてくれたそうした研究者の方がたと、身近で執筆を叱咤激励してくれた家族に、最後に感謝したい。

二〇二〇年四月

三石庸子

引用文献

Alexander, Ziggi and Audrey Dewjee. Introduction. *Wonderful Adventures of Mrs. Seacole in Many Lands*, edited by Alexander and Dewjee, Falling Wall P, 1984, pp.9-45.

Alexis, Jacques Stephen ①（アレクシ，ジャック・ステファン）.「生きている伝統の道――ハイチ文学の歴史――」『イノストランナヤ・リテラトゥーラ』(1961.2.)『太陽将軍』上所収，新日本出版社，1965, pp.136-205.

②. *General Sun, My Brother*. Translated by Carrol F. Coates, U P of Virginia, 1999.

③. *In the Flicker of an Eyelid*. Translated by Carrol F. Coates and Edwidge Danticat, U of Virginia P, 2002.

④. "Jacques Stéphen Alexis's Letter to François Duvalier." *Marxists Internet Archive*. Translated by Mitchell Abidor. https://www.marxists.org/history/haiti/1960/jacques-stephen.htm.

⑤. "Of the Marvellous Realism of the Haitians." *The Post-Colonial Studies Reader*, edited by Bill Ashcroft, et al. Routledge, 1995, pp. 146-149.

Alexis, Stephen Mesmin. *Black Liberator: The Life of Toussaint Louverture*. Translated by William Stirling, Ernest Benn Limited, 1949.

青木芳夫「ハイチ民衆史　1791-1991 ――トゥサンからアリスティドへ」『ブラック・ジャコバン』C・L・R・ジェームズ．青木芳夫監訳，大村書店，2002，pp.477-497.

Ayala, Cesár J. "Social and Economic Aspects of Sugar Production in Cuba: 1880-1930." *Latin American Research Review*, vol. 30, issue 1, 2001, pp. 95-124.

Banat, Gabriel. *Chevalier de Saint-Georges: Virtuoso of the Sword and the Bow*. Pendragon Press, 2006.

Bardin, Pierre. "Généologie et Histoire de la Caraïbe: Anne Nanon La mère du Chevalier de Saint George enfin retrouvée !" PDF file. https://www.ghcaraibe.org/articles/2015-art01.pdf.

Barnet, Miguel. *Biography of a Runaway Slave*. Translated by W. Nick Hill, Curbstone P, 1994（バルネ，ミゲル），山本満喜子訳『逃亡奴隷――キューバ革命に生きた108才の黒人』学藝書林，1968.

Bauer, Antoinette. " 'Us Creoles': Intersubjectivity, Empire and the Politics of Meaning-making in Autobiography." *Hecate: A Women's Interdisciplinary Journal*, vol. 21, no.1 , 1995, pp.8-20.

Baumgartner, Barbara. "The Body as Evidence: Resistance, Collaboration, and

Appropriation in *The History of Mary Prince*." *Callaloo*, vol. 24, no. 1, 2001, pp. 253–275.

Benitez-Rojo, Antonio. "Sugar and the Environment in Cuba." Translated by James Maraniss, *Caribbean Literature and the Environment: Between Nature and Culture*, edited by Elizabeth M. DeLoughrey, et al., U of Virginia P, 2005, pp. 33–50.

Bibb, Henry. *Narrative of the Life and Adventures of Henry Bibb, an American Slave Written by Himself*, edited by Lucius C. Matlack, Ayer Company Publishers, Inc., 1969.

Blackburn, Robin. *The Overthrow of Colonial Slavery 1776–1848*. Verso, 1988.

Blaisdell, Bob. Introduction. *Selected Writings and Speeches of Marcus Garvey*, edited by Blaisdell, Dover Publications, 2004, pp.iii–xii.

Blyth, R. H. *Haiku*, 4 vols. Hokuseido P, ① 1949, ② 1950, ③ 1952, ④ 1952.

Boos, Florence. "Under Physical Siege: Early Victorian Autobiographies of Working-Class Women." *Philological Quarterly*, vol. 92, issue 2, Spring 2013, pp.251–269.

Brereton, Bridget. "Text, Testimony and Gender: An Examination of Some Texts by Women on the English-speaking Caribbean, from the 1770s to the 1920s."*Engendering History: Caribbean Women in Historical Perspective*, edited by Verene Shepherd, et al., St. Martin's P, 1995, pp.63–93.

Brewster, Hugh. *The Other Mozart: The Life of the Famous Chevalier de Saint-George*. Illustrated by Eric Velasquez. Abrams Books for Young Readers, 2006.

Briggs, Cyril V. "Dr. Du Bois Misrepresents Negrodom." (*Crusader*, May 1919) "*Look for Me All Around You*": *Anglophone Caribbean Immigrants in the Harlem Renaissance*, edited by Louis J. Parascandola, 2005, pp.203–205.

Britton, Celia. "'Common Being' and Organic Community in Jacques Roumain's *Gouverneurs de la rosée*." *Research in African Literatures*, vol. 37, no. 2, Summer 2006, pp.164–175.

Broek, Aart G. "Ideology and Writing in Papiamentu: A Bird's Eye View." *Journal of Caribbean Literature*, vol. 5, no. 1, Summer 2007, pp.1–20.

Burgos-Debray, Elizabeth（ブルゴス，エリザベス).『私の名はリゴベルタ・メンチュウ――マヤ＝キチェ族インディオ女性の記録』新潮社，1987.

「カンボジア癒す伝統医療　祈り・薬草，王朝時代からの知識」『朝日新聞』2015.12.3 朝刊，p.13.

Carretta, Vincent. "Who Was Francis Williams?" *Early American Literature*, vol. 38, no.2, Spring 2003, pp.213–237.

Casas, Las（カサス，ラス).『インディアス史（一)』長南実訳，岩波書店，2009.

Clarke, John Henrik. "Marcus Garvey: The Harlem Years." *The Black Scholar*, vol.5, no.4, Dec. 1973/ Jan. 1974, pp.17–23.

Coates, Carrol F. Introduction. *General Sun, My Brother*, by Jacques Stephen Alexis, translated by Coates, U P of Virginia, 1999, pp. ix–xxxviii.

Colón, Cristóbal（コロン，クリストーバル）.『コロンブス航海誌』林家永吉訳，岩波文庫，1977.

Cooper, Wayne F ①. *Claude McKay: Rebel Sojourner in the Harlem Renaissance: A Biography*. Louisiana State U P, 1987.

②. Introduction. *The Passion of Claude McKay: Selected Prose and Poetry 1912–1948*, edited by Cooper, Schocken Books, 1973, pp.1–41.

Craton, Michael. *Testing the Chains: Resistance to Slavery in the British West Indies*. Cornell U P, 1982.

Curry–Machado, Jonathan. "How Cuba Burned with the Ghosts of British Slavery: Race, Abolition and the *Escalera*." *Slavery & Abolition*, April 2004, vol. 25, issue 1, pp.71–93.

Danticat, Edwidge. *The Farming of Bones*. Soho P, 1998.

Dash, J. Michael. "Introduction." *Masters of the Dew*, by Jacques Roumain, Heinneman, 1978, pp.5–21.

Dick, Devon. "The Role of the Maroons in the 1865 Morant Bay Freedom War." *International Joumat of Public Theology* 7, 2013, pp.444–457.

Doyle, Jr. and John Robert. *Thomas Pringle*. Twayne Publishers, Inc., 1972.

DuBois, W.E.B ①. "Opinion of W.E.B. DuBois." *Crisis*, vol.28, no.1, May 1924, pp.7–12.

②. "Two Novels." *Crisis*, vol.35, no.9, Sep. 1928, p.202.

Eckkrammer, Eva Martha ①. "Papiamentu, Cultural Resistance, and Socio–cultural Challenges: The ABC Islands in a Nutshell." *Journal of Caribbean Literatures*, vol. 5, no. 1, Summer 2007, pp.73–93.

②. "The Standardization of Papiamentu: New Trends, Problems and Perspectives." *Les Langues minoritaires en context*, edited by Dazzi Gross, et al., vol.1, 69/1, Bulletin Suisse de linguistique appliquee, June 1999, pp.59–74.

Edwards, Brent Hayes. "Three Ways to Translate the Harlem Renaissance." *Temples for Tomorrow: Looking Back at the Harlem Renaissance*, edited by Geneviève Fabre and Michel Feith, Indiana U P, 2001, pp.288–313.

Ewing, Adam. *The Age of Garvey: How a Jamaican Activist Created a Mass Movement and Changed Global Black Politics*. Princeton U P, 2014.

Ferguson, Moira. Introduction. *The History of Mary Prince: A West Indian Slave, Related by Herself*, edited by Ferguson, U of Michigan P, 1993, pp.1–51.

Ferrer, Ada. "Rustic Men, Civilized Nation: Race, Culture, and Contention on the Eve of Cuban Independence." *Hispanic American Historical Review*, vol. 78, issue 4, Nov. 1998, pp663-686.

Fouse, Gary C. *The Story of Papiamentu: A Study in Slavery and Language*. U P of America, 2002.

風呂本惇子.「Caribbean Lives と国際性」〈大会シンポジウム：Caribbean Lives と国際性〉『黒人研究』, 87 号, 2018, p.12.

Garrett, Hélène ①. *Identity as seen in the Papiamentu Haiku of Elis Juliana*. LAP LAMBERT Academic Publishing, 2016.

②. Introduction. *Haiku in Papiamentu*, translated by Garrett, U of Alberta P, 2003, pp. XI-XIII.

Garvey, Marcus. *Selected Writings and Speeches of Marcus Garvey*. Edited by Bob Blaisdell, Dover Publications, 2004.

Gikandi, Simon. *Writing in Limbo: Modernism and Caribbean Literature*. Cornell U P, 1992.

Gliissant Édouard（グリッサン，エドゥアール）.『全一世界論』恒川邦夫訳，みすず書房，2000.

Grimm, Diderot, Raynal, Meister, et al. *Correspondance litétraire, philosophique et critique*. Garnier Frères, 1877-1882.

Higman, B.W. "The Sugar Revolution." *The Economic History Review*, New Series, vol. 53, no. 2, May 2000, pp. 213-236.

Hill, W. Nick. Preface. *Biography of a Runaway Slave*, by Miguel Barnet, translated by Hill, Curbstone P, 1994, pp.11-13.

Hill, Robert and Barbara Blair, editors. *Marcus Garvey: Life and Lessons*. U of California P, 1987.

Jacobs, Harriet A. *Incidents In the Life of a Slave Girl : Written by Herself*. Edited by L. Maria Child, Hodson and Son, 1862.

James, C.L.R. *The Black Jacobins: Toussaint L'Ouverture and the San Domingo Revolution*. 1963. Vintage Books Edition, 1989.

James, Winston. *Holding Aloft the Banner of Ethiopia: Caribbean Radicalism in Early Twentieth-Century America*. Verso, 1998.

Jessurun, Ange, editor. *Pòtpurí: Arte di Palabra 2014*. Curaçao: Caribpublishing/B.V. Uitgeverij SWP Amsterdam Derecho, 2014.

Jones, Frances Faircloth. "Special Topic: From Curaçao: Papiamentu at Home Dutch in School." *Educational Leadership*, Feb. 1997, pp.80-81.

Jong, Nanette de. "The Tambú of Curaçao: Historical Projections and the Ritual

Map of Experience." *Black Music Research Journal 30*, no. 2, Fall 2010, pp.197-214.

Juliana, Elis. *Haiku in Papiamentu*. Translated by Hélène Garrett, U of Alberta P, 2003.

Kaussen, Valerie. *Migrant Revolutions: Haitian Literature, Globalization, and U.S. Imperialism*. Lexington Books, 2008.

Kerr, Paulette A. "Victims or Strategists?: Female Lodging-house Keepers in Jamaica." *Engendering History: Caribbean Women in Historical Perspective*, edited by Verene Shepherd, et al., St. Martin's Press, 1995, pp.197-212.

Kerstan, Michael. "Biographical and Musical Elements in Hans Werner Henze's *El Cimarrón*." Translated by Steven Lindberg, *hans werner henze: el Cimarrón*, 11-13. Wergo: A Division of Schott Music & Media, 2007.

Klein, Herbert S. *African Slavery in Latin America and the Caribbean*. Oxford U P, 1986.

Knight, F. W. *Slave Society in Cuba during the Nineteenth Century*. U of Wisconsin, 1970.

Kwiers, Stella Pieters. *A Woman Alone: My Twenty Years of Work as a Single Woman in Developing Countries*. A Hearthstone Book, 1996.

La Boëssière, texier Nicholas Benjamin de. *Traité de l'art des armes à l'usage des professeurs et des amateurs*. Didot, 1818.

La Laurencie, Lionel de. "The Chevalier de Saint-George: Violinist." Translated by Frederick H. Martens, *The Musical Quarterly*, vol. 5, no. 1 , Jan. 1919, pp. 74-85.

Laferrière, Dany. *Tout bouge autour de mois (Everything around me shook)*. Grasset, 2010.

Le Mozart noir: reviving a legend. Produced by Raymond Saint-Jean et al., CBC Home Video, 2003.

Leak, Andrew. "The Nonmagical Realism of Jacques Roumaine's 'Gouverneurs de la rosée'." *The Journal of Haitian Studies*, vol. 23, no. 1, Spring 2017, pp. 135-159.

Los, Jen. "Language Extinction: Caribbean Conundrum." *New Internationalist*, vol. 23, Oct. 2006, p.23.

MacDermot, T. H. "From a Jamaica Portfolio—Francis Williams." *The Journal of Negro Hisory*, vol. 2, no. 2, April 1917, pp.147-159.

Maddison-MacFadyen, Margot. "Mary Prince, Grand Turk, and Antigua." *Slavery & Abolition*, vol.34, no.4, 2013, pp.653-662.

"Mary Seacole statue: Why Florence Nightingale fans are angry the Crimean War nurse is being commemorated." *Independent*, Friday 24 June 2016 16:45.

https://www.independent.co.uk/arts-entertainment/florence-vs-mary-the-big-nurse-off-a7100676.html

Maxwell, William J ①. "Banjo meets the Dark Princess: Claude McKay, W.E.B. Du Bois, and the transnational novel of the Harlem Renaissance." *The Cambridge Companion to the Harlem Renaissance*, edited by George Hutchinson, Cambridge U P, 2007, pp.170-183.

②. Introduction. *Complete Poems, by* Claude McKay, edited by Maxwell, U of Illinois P, 2004, pp. xi-xliv.

③. *New Negro, Old Left: African-American Writing and Communism Between the Wars*. Columbia U P, 1999.

McDonald, Lynn ①. "Nursing's Bitter Rivalry." *History Today*, vol.62, no.9, Sep. 2012, pp.10-16.

②, editor. *The Collected Works of Florence Nightingale*. Wilfrid Laurier U P, 16 vols, 2001-2012.

McKay, Claude ①. *A Long Way from Home*. 1937, A Harvest/HBJ Book, 1970.

②. *Amiable with Big Teeth: A Newly Discovered Novel*. Penguin Books, 2017.

③. *Banana Bottom*. Serpent's Tail, 2005.

④. *Banjo*. 1929, A Harvest Book, 1957.

⑤. *Complete Poems*, edited by William J. Maxwell, U of Illinois P, 2004.

⑥. "Garvey as a Negro Moses." *Liberator*, vol.5, April 1922, pp.8-9. Rpt. in *The Passion of Claude McKay: Selected Prose and Poetry 1912-1948*, edited by Wayne F. Cooper, Schocken Books, 1973, pp. 65-69.

⑦. *Harlem Glory: A Fragment of Aframerican Life*. Charles H. Kerr, 1990.

⑧. *Home to Harlem*. 1928, Northeastern U P, 1987.

⑨. Letter to Max Eastman. 16 Sep. 1946. Rpt. in *The Passion of Claude McKay: Selected Prose and Poetry 1912-1948*, edited by Wayne Cooper, pp.312-313.

⑩. "Review of *Birthnight* by T.S. Stribling." *Liberator*, vol.5, Aug. 1922, pp.15-16. Rpt. in *The Passion of Claude Mckey*, edited by Cooper, pp.73-76.

⑪. *The Negroes in America*. edited by Alan L. McLedo, Kennikat Press Corp, 1979.

Memory of the World Register: Catecismo corticu pa uso di catolicanan di Curaçao (Short Catechism to be used by the Catholics of Curaçao) Nomination Form UNESCO. PDF file.

http://www.unesco.org/new/fileadmin/MULTIMEDIA/HQ/CI/CI/pdf/mow/nomination_forms/First%20Catechism%20Written%20in%20Papiamentu%20Language%20Nomination%20Form.pdf.

Ménard, Nadève ①. "The Myth of the Exiled Writer." *Transition*, no. 111, New

Narratives of Haiti, 2013, pp. 53-58.
②. "The Myth of the Monolingual Haitian Reader: Linguistic Rights and Choices in the Haitian Literary Context." *Small Axe*, vol.18, no.3, 2014 (45), pp.52-63. https://read.dukeupress.edu/small-axe/article-abstract/18/3%20(45)/52/33347/The-Myth-of-the-Monolingual-Haitian-Reader.

Mintz, Sidney W（ミンツ，W・シドニー）.『アフリカン・アメリカン文化の誕生』藤本和子編訳，岩波書店，2000.

Montesquieu（モンテスキュー）.『法の精神』井上堯裕訳，中央公論社，2016.

Mullin, Michael. *Africa in America: Slave Acculturation and Resistance in the American South and the British Caribbean 1736-1831*. U of Illinois P, 1992.

Munro, Martin. "Community in Post-earthquake Writing from Haiti." *Paragraph*, vol. 37, no.2, 2014, pp.193-204.

Nugent, Maria. *Lady Nugent's Journal of Her Residence in Jamaica from 1801-1805*. edited by Philip Wright, U of the West Indies P, 2002.

「お江戸に学ぶ健康法.『病家須知』現代語訳が完成　ナイチンゲールより古い看護学」『朝日新聞』2007.2.26 朝刊，p.23.

Packwood, Cyril Outerbridge. *Chained on the Rock*. Eliseo Torres & Sons, 1975.

Paquet, Sandra Pouchet ①. "The Enigma of Arrival: *Wonderful Adventures of Mrs. Seacole in Many Lands*." *African American Review*, vol. 26, no. 4, Winter 1992, pp.651-663.
②. "The Heartbeat of a West Indian Slave: The History of Mary Prince." *African American Review*, vol. 26, no. 1, Spring 1992, pp. 131-146.

Parascandola, Louis J., editor. *Look for Me All Around You: Anglophone Caribbean Immigrants in the Harlem Renaissance*. Wayne State U P, 2005.

Pérez de La Riva, Francisco. "Cuban Palenques." *Maroon Societies: Rebel Slave Communities in the Americas*, edited by Richard Price, Johns Hopkins U P, 1979, pp. 49-59.

Pérez, Jr., J. Louise. "Vagrants, Beggars, and Bandits: Social Origins of Cuban Separatism, 1878-1895." *American Historical Review*, vol. 90, issue 5, Dec. 1985, pp.1092-1121.

Prahlad, Sw. Anand. *Reggae Wisdom: Proverbs in Jamaican Music*. Jackson: U P of Mississippi, 2001.

Prince, Mary. *The History of Mary Prince: A West Indian Slave, Related by Herself*. Edited by Moira Ferguson, 1831, U of Michigan P, 1993.

Prod'homme, Jacques Gabriel. *François Gossec ; La vie, les oeuvres, l'homme et l'artiste*. Paris, La Colombe, 1949.

Putte-de Windt, Igma van. "Caribbean Poetry in Papiamentu." translated by Monique S. Pool, *Callaloo* 21, no. 3, Summer 1998, pp. 654-659.

Roberts, Steve. "Crimean Chronicle." *Military History*, March 2016, pp.32-35.

Robinson, Jane. *Mary Seacole: The Charismatic Black Nurse Who Became a Heroine of the Crimea*. Robinson, 2005.

Roorda, Eric. "Genocide Next Door: The Good Neighbor Policy, the Trujillo Regime, and the Haitian Massacre of 1937." *Diplomatic History*, vol.20, no.3, Summer 1996, pp.301-319.

Roumain, Jacques. *Masters of the Dew*. Translated by The Estate of Jacques Roumain, Heinemann, 1978.

「最高齢は 126 歳？　キューバが発表 『長寿世界一』主張」『朝日新聞』2011.5.28 夕刊，p.2.

佐川愛子.「訳者あとがき」『骨狩りのとき』エドウィージ・ダンティカ著，佐川訳，作品社，2011，pp. 324-332.

Sara-Molins, Louis. "Les Misères des Lumières: Sous la raison, l'outrage." Translated by John Conteh-Morgan, *Dark Side of the Light: Slavery and the French Enlightenment*. U of Minnesota P, 2006.

里見三吉.「解説」『太陽将軍　めざめるハイチ』上，世界革命文学選 22，J･S･アレクシ著，里見訳，新日本出版社，1965，pp. 165-185.

Seacole, Mary. *Wonderful Adventures of Mrs. Seacole in Many Lands*. Edited by Ziggi Alexander and Audrey Dewjee, 1857. Falling Wall, 1984.

「世界最高齢？自称 125 歳　キューバの男性，記憶など疑問も」『朝日新聞』2005.2.12 朝刊，p.6.

Semmel, Bernard. "The Issue of 'Race' in the British Reaction to the Morant Bay Uprising of 1865." *Caribbean Studies*, vol. 2, no. 3, Oct. 1962, pp. 3-15.

"70 years ago, the First World Congress of Peace Partisans." *World Peace Council*, 10 April 2019.
https://www.wpc-in.org/statements/70-years-ago-first-world-congress-peace-partisans-0.

Sexton, Jay. "The United States, the Cuban Rebellion, and the Multilateral Initiative of 1875." *Diplomatic History*, vol. 30, issue 3, June 2006, pp.335-365.

Shakur, Tupac Amaru. "Words of Wisdom." *2Pacalypse Now*, Interscope Records, 1991.

Shea, Maureen E. "When the Mountains Tremble and I, Rigoberta Menchu: Documentary Film and Testimonial Literature in Latin America." *Film Criticism*, vol. 18, no. 2, Winter 1994, pp.3-14.

Sheller, Mimi. "Hidden Textures of Race and Historical Memory: The Rediscovery of Photographs Relating to Jamaica's Morant Bay Rebellion of 1865." *The Princeton University Library Chronicle*, vol. 72, no. 2, Winter 2011, pp.533-567.

Smith, Matthew J. *Red & Black in Haiti: Radicalism, Conflict, and Political Change, 1934-1957*. U of North Carolina P, 2009.

Stephens, Michelle A. "Black Transnationalism and the Politics of National Identity: West Indian Intellectuals in Harlem in the Age of War and Revolution." *American Quarterly*, vol.50, no.3, Sep. 1998, pp.592-608.

Stovall, Tyler. *Paris Noir: African Americans in the City of Light*. Createspace Independent Pub., 2012.

Terborg-Penn, Rosalyn. "Black Women in Resistance: A Cross-Cultural Perspective." *In Resistance: Studies in African, Caribbean, and Afro-American History*, edited by Gary Y. Okihiro, U of Massachusetts P, 1986, pp.188-209.

Tillery, Tyrone. *Claude McKay: A Black Poet's Struggle for Identity*. The U of Massachusetts P, 1992.

Trollope, Anthony. *The West Indies and the Spanish Main*. 1860. Caroll & Graf Publishers, Inc., 1999.

van Putte-de Windt, Igma. "Caribbean Poetry in Papiamentu," translated by Monique S. Pool, *Callaloo* 21, Summer 1998, pp. 653-654.

Vespucci, Amerigo（アメリゴ・ベスプッチ).「新世界」『大航海時代叢書 I（航海の記録)』会田由監修，長南実訳，岩波書店，1965，pp.321-338.

Vincent, David. *The Rise of Mass Literacy: Reading and Writing in Modern Europe*. Polity, 2000.

Wall, Cheryl A. "Paris and Harlem: Two Culture Capitals." *Phylon*, vol. 35, no. 1, 1st Qtr., 1974, pp.64-73.

Walvin, James. *England, Slaves and Freedom, 1776-1838*. Macmillan, 1986.

Whalan, Mark. "'The Only Real White Democracy' and the Language of Liberation: The Great War, France, and African American Culture in the 1920s." *Modern Fiction Studies*, vol. 51, no. 4, Winter 2005, pp.775-800.

White, Shane, et al. *Playing the Numbers: Gambling in Harlem Between the Wars*. Harvard U P, 2010.

Whitney, Robert. "War and Nation Building: Cuban and Dominican Experiences." *The Caribbean: A History of the Region and Its Peoples*, edited by Stephan Palmié and Francisco A. Scarano, U of Chicago P, 2011, pp. 361-372.

Williams, Eric. *Capitalism & Slavery*. U of North Carolina P, 1994.

Wright, Philip, editor. *Lady Nugent's Journal of Her Residence in Jamaica from 1801-1805*. U of the West Indies P, 2002.
山本伸「カリブ黒人文学概論」『世界の黒人文学――アフリカ・カリブ・アメリカ』加藤恒彦・北島義信・山本伸編著，鷹書房弓プレス，2000, pp.77-91.
Yupangui, Titu Cusi（ユパンギ，ティトゥ・クシ）.『インカの反乱――被征服者の声』染田秀藤訳，岩波文庫，1987.

初出論文一覧

Mitsuishi Yoko ①. "Caribbean Haiku of Wisdom: Reading Elis Juliana's Haiku in Papiamentu Translated into English." *Transpacific Correspondence: Dispatches from Japan's Black Studies*, edited by Yuichiro Onishi and Fumiko Sakashita, Palgrave macmillan, 2019, pp.93-109.

②. "Claude McKay's Idealized Black Man from the Caribbean International Perspective: A Study of *Home to Harlem* and *Banjo*." *The Bulletin of the Faculty of Sociology, Toyo University*, vol.56, no. 2, Mar. 2019, pp.49-57.

三石庸子.「クロード・マッケイとカリブの国際性」『黒人研究』87 号，2018, pp.28-35.

②.「コロニアリズムとジェンダーの政治学再考を促す一九世紀カリブ女性の自伝――『シーコウル夫人の大活躍』」『黒人研究の世界』黒人研究の会編，青磁書房，2004，pp.383-392.

③.「キューバ人民史構築をめざす証言文学『ある逃亡奴隷の伝記』にみるカリブの主体性」『黒人研究』82 号，2013，pp.72-80.

④.「ハーレム・ルネサンスとカリブの視点」『アメリカ文学』日本アメリカ文学会東京支部会報，80 号，2019.6，pp.19-26.

⑤.「『メアリ・プリンス自伝』カリブ女性の声と奴隷制廃止運動」『カリブの風――英語文学とその周辺――』風呂本惇子編著，2004，pp.101-113.

索　　引

事項索引

ア行

カ行

サ行

タ行

ナ行

ハ行

マ行

ヤ行

ラ行

人名索引

ア行

カ行

サ行

タ行

ナ行

ハ行

マ行

ヤ行

ラ行

ワ行

著者紹介

三石庸子（みついし・ようこ）

東京都出身。

東京都立大学人文科学研究科修士課程修了。

東洋大学社会学部教授。専門はアメリカ・カリブ文学。

おもな著書：『アメリカ文学と革命』（共編著、英宝社）、『文学・労働・アメリカ』（共編著、南雲堂フェニックス）、『俳句R・H・ブライス』（共訳、永田書房）など。

カリブに生きる
——文献から辿る小地域の人びとの豊かな遺産

2020年 6月10日　初版発行

著作者　三石　庸子　

発行所　東洋大学出版会
〒112-8606 東京都文京区白山5-28-20
電話（03）3945-7563
http://www.toyo.ac.jp/site/toyo-up/

発売所　丸善出版株式会社
〒101-0051 東京都千代田区神田神保町2-17
電話（03）3512-3256
http://www.maruzen-publishing.co.jp/

組版　月明組版
印刷・製本　大日本印刷株式会社
ISBN 978-4-908590-08-5 C3025